住宅ローンが払えなくなったら読む本

矢田 倫基

JN161134

幻冬舎MC

はじめに

住宅ローンが返済できなくなるというのは大変恐ろしいことです。

「これでようやく家族全員が幸せに暮らせる」——そんな喜びを感じながらマイホームを購入した人が、何らかの予想外の事態に陥って住宅ローンの返済不能という現実に直面したとき、その苦悩は計り知れません。

ローンの支払いが滞ると、金融機関からは督促状が送られてきます。督促に応じることができなければ返済不能と見なされ、契約に基づいて残金を一括で支払うよう請求されるのです。

しかし、月々のローン返済さえ滞っている人が、残債を一気に清算できるわけはありません。どうしたらよいか分からずに手をこまねいていると、「競売→自己破産」という流れに呑み込まれ、せっかく購入したマイホームから追い出されて無一文、最悪の場合はホームレスになってしまうことさえあります。

子供がいる場合には学校で噂になり、いじめの対象になるかもしれません。連帯保証人を立てているなら、その人にも多大な迷惑をかけてしまいます。

こうした経済的・社会的なダメージから、多くの人が精神的にも追い詰められます。そして有効な手立てもないまま、生活の基盤である自宅をあっという間に失うのが住宅ローン破綻の恐ろしさです。失意の底から立ち直ることができず、絶望のあまり自殺を図る人さえいます。

では、住宅ローンが破綻してしまったらその後の人生を諦めるしかないのか――というと、決してそんなことはありません。

私は大手ゼネコン勤務の後、不動産コンサルティング会社の代表を経て任意売却専門会社を設立。以後、住宅ローン破綻の様々な事例を解決に導いてきました。その中には弁護士でさえさじを投げたような困難極まりない案件も多数含まれており、いまでは全国の債務者から年間1000件以上の相談を受けています。

こうした経験から断言できるのは、住宅ローン破綻の問題は「任意売却」によって解決に導くことができるということです。

任意売却とは、競売にかけられる前に債務が残ったままの自宅を売却することで、「残債を大幅に減らすことができる」「自宅に住み続けられる可能性がある」「債務者のプライバシーを守ることができる」といった様々なメリットがあります。

これらのメリットを生み出すためには、「競売にかけられる前に売却を完了しなければならない」という時間的制約がある中で、債権者と交渉して許諾を得たうえ、少しでも高値を付けてくれる「買い手」を見つける必要があります。決して容易なことではありませんが、私は「任意売却の専門家」として、手がけた案件の多くを成功させてきました。さらに、残債清算、住宅の確保、生活の再建といった任意売却後のサポートや、精神的ダメージを取り除くカウンセリングなども行い、債務者の新たなるスタートを数多く実現させてきたのです。

そこで本書では、私が実際に解決した様々な事例を紹介しながら、「住宅ローンが払えなくなったらどうなるのか」「誰に相談すればいいか」「任意売却とはどのようなものか」「任意売却後の生活再建はどう進めればいいか」について詳しく解説していきます。住宅ローン破綻に伴って生じる住む家の確保、離婚の手続き、連帯保証人への対応など、様々な問題への対処法も具体的に紹介しています。

本書により、一人でも多くの人が住宅ローン破綻の苦しみから解放されることを心から祈っています。

住宅ローンが払えなくなったら読む本　目次

［第5章］ 弁護士、不動産会社の言いなりになってはいけない——住宅ローン問題の解決に「専門家」をうまく使う秘訣

［第1章］

リストラ、離婚、介護……。不測の事態で重い足枷になる住宅ローン

住まいの購入は人生を賭けたギャンブルと化している

マイホームの購入は、かつて「人生の安定」を象徴するものでした。結婚し、家庭を持ち、家族が幸福に暮らす場としてマイホームを手に入れることは、人生を安泰なものとするプロセスと考えられていたのです。

実際、収入が安定する30代以降にローンを組んで、終の棲家を手に入れることで、生涯における経済的な安心感は大きく高まりました。ローンの支払いが終わる老後は住居費がなくなる上、土地価格が右肩上がりで上昇していた時代には、「資産の形成」という意味でもマイホームは家計を支える礎となってくれたのです。

しかし近年、住まいの購入をめぐる事情は様変わりしています。特に住宅ローンの利用には大きなリスクが伴う——それどころかもはや「ギャンブルと化している」といっても決して過言ではありません。企業の終身雇用はとっくに崩壊、給与も上がる保証はありません。一方で将来の不確定要素（=リスク）は増えています。離婚件数は少なくなく、子どもの教育費も上がり続けています。さらには親の介護など、家計に大きな負担をかける要素は年々増えているのです。つまり住宅ローンは非常に不安定な将来に対して、イチかバチかに近い賭けのようになっているのです。

にもかかわらず、35年などといった長期にわたるローンが利用されています。無事に返済を続けられればよいものの、もし少しでもローンの支払いに影響するような事態が発生すれば、たちまち家計は破綻してしまいます。そのような認識を持たずにローンを組み、無自覚のままイチかバチかの賭けをしているのです。

結果、何らかの原因で住宅ローンの返済に困り、せっかく苦労して手に入れたマイホームが競売にかけられ、ついには自己破産というルートをたどって住む家を失い、家財の大半を失う人が後を絶ちません。

空前の低金利に住宅購入者急増！　住宅ローンは賢い選択か？

現在、日本国内の融資は空前の低金利となっています。日本銀行はインフレ目標達成を後押しする策の一つとして、２０１６年1月にマイナス金利を導入しました。それに伴い各金融機関が設定する住宅ローンの金利も低下しています。２０１６年10月時点では年利

1%を割り込むローン商品も多数登場しており、これまでに例を見ない低金利時代に突入したといえる状況です。

ローンの支払額だけに注目すると、住宅ローンの利用者にとって低金利は非常にありがたいことです。たとえば3000万円を35年ローンで借り入れた場合、金利が3%なら総返済額は約4850万円にのぼります。月々の支払いも11万5000円あまりと高額です。

同じ条件で金利が0・5%なら総返済額は3270万円あまり、月々の支払額も7万8000円程度で済みます。ローン返済率を収入の3割程度に収めようと考えるなら、3%の場合には月収40万円近い収入が必要ですが、0・5%なら25万円程度で購入可能です。

「貸してくれるのだから返せるはず」は間違い

金融機関は誰にでも簡単にお金を貸してくれるわけではありません。融資の前には必ず審査があり、「返済能力がある」と判断できない場合には住宅ローンの提供を見送ります。

融資した資金が返済されないと損失を被るため、金融機関は融資の申請に対して慎重な調査を行います。職業や年収はもちろん、勤務先や勤続年数、それまでの借入歴についても詳しく調べ、その上で「十分な返済能力がある」と認められる人にのみ融資を行うのです。

そのため、借り手の側にも「金融機関が融資してくれたのだから返済は大丈夫」と考える人が少なくありません。自身の経済事情に不安があっても、お金のプロである金融機関が厳しく審査した上で返済可能だと評価したのだから返せるはずだと判断してしまうのです。

たしかに以前はこの考え方にも一理ありました。金融機関の審査はそれだけ厳しく、少しでも不安要素があれば、ローンを組むことはできなかったのです。ところが近年は金利を引き下げて融資を促す国の政策により、「お金を借りやすい状態」が続いています。

背景にあるのはマイナス金利の影響です。資金を日本銀行に預けると金利をとられてしまうので、金融機関はより積極的に融資する必要に迫られています。その結果、不動産の購入に対する融資が過剰に積極的なものとなっているのです。一般的な事業に対する融資の場合には、事業の成否を細かく審査する必要があります。手間と面倒がかかる上、融資を回収できないリスクも小さくありません。

ところが住宅ローンをはじめとする不動産購入に対する融資の場合には、住宅については特に政策的な後押しもありますが、不動産が担保としてあることもあり、金融機関は融資に対して審査基準を比較的軟化させている傾向があります。そのため最近では融資のハードルが下がっており、結果として不動産評価以上の融資を行う「過剰担保評価」のもとで、返済能力を超える融資も増えています。

「収入の3割まで大丈夫」という神話は過去のもの

滞りなく返済できるローン金額として、かつては「収入の３割まで」が一つの基準とされました。たとえば年収６００万円の人なら、年間支払い１８０万円までなら返済可能ということになります。返済期間35年・金利１％とすると、約５３５０万円の融資を受けることが可能です。

月々の返済額は15万円にのぼりますが、ボーナスもならして計算すると、月額収入は50万円あり、ローンを支払っても月々35万円が残ります。光熱費や食費、子どもの教育費などを支払っても、ある程度余裕のある生活を送ることが可能です。「収入の３割まで」という基準は妥当なものと考えてもよいでしょう。

ところが年収400万円の人にとっては事情が異なります。3割にあたる年間120万円をローンの支払いに充てると、3550万円のローンを組むことができます（返済期間35年・金利1％）。

額面が400万円なら手取りは350万円程度でしょう。ローン返済を除くと、生活費として使えるお金は月額20万円程度です。各種の保険金や子どもの教育費、食費や交通費、光熱費など生活に必要なコストを賄うのが精一杯であり、お金はほとんど残りません。貯金することはできず、なにか大きな出費があれば、とたんに家計は行き詰まってしまいます。年収400万円の人にとって、「収入の3割」という負担は重すぎるのです。

一昔前は年収400万円でも3割をローンの支払いに充てるのはそれほど危険なことではありませんでした。「終身雇用制度」により働く場が確保され、「年功序列」により年齢を重ねれば自然と収入が増えたためです。ところが近年はいずれの制度も大きく揺らいでいるため、「収入の3割」という基準以下でも破綻するケースが増えています。

ボーナス払い併用で高まる破綻のリスク

住宅ローンの支払いには「ボーナス払い併用」という方法があります。その名のとおり、ボーナス月は多めに支払うことで、通常月の支払いを軽減できるというものです。通常月の負担が小さくなるため、より大きなローンを組みやすくなりますが、この方法には大きな落とし穴が隠れています。

従業員の生活に直結する月々の給与については企業も慎重に取り扱い、安易には減額しません。しかしボーナスは業績によって大幅に増減し、会社の収支が悪化すれば支給されないこともあり得ます。

「ボーナス払い併用」を採用している人は、大幅に減額されたり支給されなかったりしても、ボーナス月にはローンを多めに支払わねばなりません。好業績が続いているときに「たくさんもらえているから」とボーナスを当てにした返済計画を立てていると、会社の業績が悪化した際には、支払いの負担が重くのしかかることになります。

さらに近年は、経済の先行きを不安視して内部留保を増やす企業が少なくありません。

財務省の発表によると、2015年度に企業が利益剰余金として社内にためた内部留保は、377兆8689億円で過去最高額となりました。企業経営が困難を極め、財務リスクに慎重になる中で、本来は会社の儲けを社員に還元する意味あいのあるボーナスが適正に支給されないケースが増えているのです。

上場企業でも崩壊する「終身雇用制度」

個人事業主に比べてサラリーマンのほうが融資を受けやすいのは、将来的にも安定して収入を得られると考えられているためです。

安定収入の基本となるのは安定的な雇用です。「終身雇用制度」が普及しだした1950年ごろから、日本ではこの制度を掲げる企業が多かったため、一度正社員として就職できれば、大きな問題を起こさない限り定年まで同じ職場で働き続けることができました。

ところが近年、経済成長が鈍化し、企業の業績が停滞する中で「終身雇用制度」の維持は企業にとって非常に難しくなりつつあります。業績が右肩下がりになれば、人員コストの削減が求められるようになるため、早期退職や希望退職を募る企業が増えています。

2016年春には、不正経理が明らかとなった東芝による1万人規模のリストラが話題になりました。家電の雄とされてきたパナソニックも2010年から2015年の5年間に従業員の3割以上にあたる約13万人（関連会社を含む）を削減しています。その他にもソニーや日立製作所、JT（日本たばこ産業）、電通など、誰もが名前を知る大手企業でも、近年は大規模な人員整理が行われてきました。

日本企業の特徴であり、サラリーマンに対する住宅ローン提供のベースとなってきた「終身雇用制度」はもはや完全に崩壊していると考えるべきでしょう。

「家賃と同じ支払い」にのせられると破綻する

住宅販売のチラシにはよく「家賃と同じ支払いで家が買える」というう たい文句が記載されています。たとえば8・5万円の家賃を支払っているのなら、ほぼ同額の住宅ローンの支払いを家計の中から賄えるということです。

たしかに3000万円を返済期間35年・金利1％で借りれば、ほぼ同額のローン返済額になりますから、手に残るものがない家賃を払うくらいなら、同額のローン返済で家が買えるほうがいい、というのが住まいを提供するデベロッパーや販売会社のいい分です。

一見、正しそうに見えますが、リスクという面では大きな違いがあります。まず、完済するまでは本当の意味ではマイホームではありません。登記簿上、融資元の銀行から「抵当権」が必ず付くことになります。そうすると住宅ローンの返済がもし途中でできなくなれば、いくら登記簿上所有者であっても権利上、銀行に絶対的に劣ります。債務超過状態であれば、勝手に売ることもできず、最後は強制的に競売にかけられてしまうのです。

借り手の経済事情が変わっても住宅ローンの返済額は同じままですが、一方、賃貸住宅の家賃はより安価な物件に住み替えることで、引き下げることができます。もしリストラに遭っても、賃貸居住者は引っ越しにより「住」の負担を収入に見合ったものに変えることができるのです。

また、持ち家にはローンの支払い以外の出費があります。固定資産税や都市計画税といった税金に加え、マンションの場合には管理費や修繕積立金なども負担しなければなりません。場合によっては月額数万円になることもあり、購入前にしっかり確認しておかないと、思わぬコスト負担に苦しめられることもあり得ます。

3000万円の住宅ローンを利用して、月額8・5万円を支払うつもりだったのに、月額2・5万円の管理費・修繕積立金が課されると、4000万円のローンを返済するのとほぼ同じ負担額になってしまいます。

「突然の離婚」がローン返済を直撃する

厚生労働省が発表している資料を見ると、2015年の離婚件数は22万5000組となっています。離婚および離婚率は1960年代から2002年までほぼ一貫して増加してきました。特に離婚率は1970年には10・1%だったのが2015年には35・4%にまで上昇しています。1970年には10組に1組だったのが、2015年には3組に1組が離婚しているのです。

離婚件数は2002年の29万件をピークに減少傾向が続いていますが、結婚の件数も減少しているため、離婚率はほぼ横ばいとなっています。3組に1組という高い割合で「高止まりしている」というのが正しい見方でしょう。

特に最近の傾向として「熟年離婚」の増加が指摘されています。25~34歳の離婚率が低下しているのに対し、35〜55歳の層では離婚率が上昇しており、住宅ローンを支払っている真っ最中といえる世代の離婚に歯止めがかからない状態です。

離婚時にはお金のことが大きな問題になります。財産分与するにあたっても、マイホームを持っている世帯では最大の財産は家の場合が多いので、お互いが納得するように分けるのは困難です。売却して分けようにも残債が多い状態では、売却代金がローン返済に消えてしまいなにも残りません。家をなくした上、借金だけが残るケースも多いため、結局は売らずに「母子が住み続ける」などの選択をすることになります。

マイホームに住み続ける母子に対し、夫の側は慰謝料や養育費などの負担に加え、自身の住まいを確保し、生活していくためのお金も必要です。ギリギリだった住宅ローンの支払いができなくなり、破綻にいたるケースが後を絶たないのです。

共働きの場合には返済原資となっていた収入が大幅に減ってしまうという問題も発生します。共働き世帯では一般的に、夫婦2人分の収入をもとにローンの支払額を設定しているため、収入が1人分になってしまうと返済は非常に難しくなります。

所有権や連帯保証など複雑な問題が絡むため、本来は夫婦が協力し合って解決する必要がありますが、離婚した夫婦が同じ方向を向いて解決を図ることは簡単ではありません。離婚にいたる過程でしばしば感情的なもつれが生じるため、冷静な判断ができず有効な対策をとれないケースが少なくないのです。

増える介護が住宅ローンの支払いを圧迫する

社会の高齢化が急速に進む中、近年増加しているのが介護を理由とする住宅ローン破綻です。

厚生労働省発表の資料を見ると、2015年4月末時点での要支援・要介護者の数は600万人あまりとなっています。2001年には約288万人だったので、わずか14年の間に2倍以上に増加したことになります。

介護される人の状態にもよりますが、重度の認知症などの場合には24時間、365日まったく目を離すことができません。肉体的にも精神的にも負担が大きいため、仕事をしながらの介護が難しく、親や配偶者を介護するために仕事を辞めざるを得ないというケースが急増しています。

安倍政権ではアベノミクス新3本の矢の一つとして「介護離職ゼロ」を掲げていますが、逆にいえばそれほど介護離職の問題は深刻化しているのです。厚生労働省の雇用動向調査によると、介護・看護を理由に離職した人が2013年には9・3万人にのぼっています。

介護のために仕事を辞めれば収入が途絶え住宅ローンの返済は困難になります。共働きの世帯で妻（あるいは夫）が介護者になるという場合でも、収入が減ってしまうため同様です。

さらに、先ほどのリストラと同様、一度職を離れると介護生活が終わった後の復職が難しいという問題もあります。

老親を介護している場合、介護中は親の年金収入があるためどうにか生活費を賄うこともできますが、老親が亡くなり介護生活が終わると、多くの人は再就職できず無収入になってしまいます。住宅ローンの支払いなどはとうていできず、返済に行き詰まることとなるのです。

増加している「親子破綻」

少子高齢化が進む中、増加しているのが「成人した子ども世帯に対する親からの支援」です。親世代からすると、子どもが少ないためお金をかけることができます。また高齢まで親が元気なので、子ども世帯も経済的に頼ることが可能であり、暮らしの中で足りないお金を親に出してもらうというケースが増えているのです。

支援してもらったお金の使い道も変化しており、家計経済研究所が行った調査によると、1998年には「生活費」が大半を占めていましたが、2008年には「住宅ローン返済」が最多となっています。

この状況には非常に大きなリスクがあります。親が健在なうちはよいのですが、病気をしたり介護が必要になったりした場合には、支援が途切れるかもしれません。そうなれば親からの援助に頼って成り立っていた住宅ローン返済は簡単に行き詰まってしまいます。

また、親からの支援を受けている人の中には、親に連帯保証を頼む人が少なくありません。子どもが返済不能に陥ると親に返済義務がのしかかります。子どもの家が競売にかけられ、残った債務を支払うため、親が住んでいる家まで競売にかけられてしまうというケースが増えています。

子ども世帯が自立してない状況で家を購入すると、親子ともども住まいを失いかねないのです。

「十年一昔」で大幅に減っていく所得

一昔前には正社員として就職し、結婚しマイホームを購入することがごく平均的な幸福とされていました。ところが収入が右肩下がりで減少する現在は、いずれもが一種の「ぜいたく」とすらいわれるようになっています。

サラリーマンの年収は2001年の505万円をピークに減少し続けてきました。近年はアベノミクスの影響で下げ止まった感がありますが、それでも2014年の平均年収は415万円と、ピーク時に比べて約2割も低い金額です。

それに伴い生涯賃金も大幅に減っています。2000年には大卒男子の生涯賃金は2億7900万円ありましたが、2013年には2億5420万円と2480万円も落ち込んでいます。「十年一昔」といいますが、13年で2500万円近くも減っており、平均的な住宅購入コストの半分以上を失ったと考えることもできます。その分、住宅購入の難易度は高まっており、減収を意識せずに住まいを購入すると、容易にローン破綻にいたってしまいます。

退職後の年金生活ではローンが重荷になる

現在、住宅ローンの返済期間は最長35年となっています。40歳で住まいを購入した人は75歳になるまでローンを支払い続ける必要があるのです。

一方、ある程度高い給与収入があった人も、ローンの支払いを終える年齢まで高収入を保つことは非常に困難です。2013年に施行された「改正高年齢者雇用安定法」により企業には65歳までの雇用が義務づけられましたが、定年年齢の引き上げや廃止を選択する企業は少なく、ほとんどの場合「継続雇用制度」が採用されています。

従業員は60歳でいったん定年を迎え、その後は新たに再雇用されるという仕組みです。再雇用に際しては給与体系が見直されるため、年収は定年前の半分程度に減額されるケースがほとんどです。「現役」時代の収入があれば余裕を持って住宅ローンを支払えた人も、収入が半分になると返済し続けるのは困難です。

さらに65歳で職を辞した後は年金が主な収入源となります。現役時代に比べていっそう所得が減ることになり、ローン返済に行き詰まる危険性が高まります。

意外に多い「返済不能かどうかわからない」というケース

住宅ローンの返済に行き詰まって相談に来る人の多くは「返済不能かどうかわからない」という悩みを抱えています。家計が問題なく回っている人にはなぜそんなことになるのか理解しづらいかもしれませんが、図表1のような状態が続くと、返済を続けられるかどうかが不明になっていきます。

図表1の世帯の月間収支は8万円の赤字です。ただし1、2カ月このような状態が続いたからといって、「ローンの支払いを諦めて、すぐに家を処分しなければ」と決断する人はほとんどいません。通常は「節約する」「ボーナスで赤字を補填する」などの策をとって、なんとか家計を成り立たせます。お小遣いを削減したり、スマホを格安スマホにして

［図表1］ 4人世帯（夫・妻・高校生・中学生）の例

収入	手取収入	28万円
支出	住宅ローンの返済・固定資産税・管理費・修繕積立金	10万円
	食費	6万円
	保険・医療費	1万円
	通信費（電話・インターネット等）	2万円
	水道光熱費	2万円
	交通費・ガソリン代	2万円
	教育費	3万円
	雑費	2万円
	クレジット等の返済	5万円
	夫・妻・子の小遣い	3万円
合計		△8万円

通信費を浮かせたりするなどの節約や、ボーナス月にクレジットを完済して通常月の負担を減らすなどの工夫で、なんとか乗り切ろうとするのです。

しかしながら、そういった工夫でどうにかできる余地はあまり大きくありません。通勤・通学などの交通費は削れませんし、子どもの学費や修学旅行の積立金などを削るわけにもいきません。育ち盛りの中高生がいる家庭で食費を6万円以下に抑えるのはかなり難しいことですし、家族4人が携帯電話を保有しインターネットを使えば、たとえ格安スマホにしても通信費は2万円程度かかるでしょう。

「外食はほとんどしない」「旅行やレジャーなどにも行かない」「夫は酒もたばこも我慢する」。そんな暮らしを続けてどうにか成り立つ状態といえます。

預貯金を切り崩す暮らしなので、思わぬ出費がかさむと、家計は簡単に行き詰まり混乱し始めます。親族の結婚式や子どもの進学費用、親の介護費用や病気の治療費など、一定の頻度で通常の家計では賄えない出費が発生します。

突然の出費を賄う方法は主に二つしかありません。一つは親兄弟から借りること。もう一つはクレジットやキャッシングを利用することです。いずれにしろ借金をすることになり、次の月からはその返済がギリギリ状態の家計に重くのしかかります。

数カ月後、再度突然の出費が発生すれば、借金を重ねるしかありません。そのようにして借金の額と借入先が増えていくと、最終的にはいつ、どの金融機関にいくら返せばいいのか、わからなくなってきます。自身で整理してみればわかるのですが、返済するあてがない借金のことを考えるのはひどく気が重くなる作業です。ついつい後回しにしているうちに、気がつくと給料日の銀行口座残高が数百円という事態に陥ってしまい、そこでようやく住宅ローンの返済に行き詰まってしまったことに気づくのです。

［第2章］

金融機関から督促状が……。マイホームの「差押え」「競売」は、人生を台無しにする最悪の結末

住宅ローンが払えなくなるとどうなってしまうのか？

住宅ローンの支払いが滞納されると、金融機関は所定の手続きを開始します。滞納1回で即競売ということはありませんが、左記の図のような一連の流れを経て、住まいは競売にかけられ、最終的には退去することになります。

まず住宅ローンの返済が遅れると、銀行などの金融機関から「通知書」が届きます。金融機関によって対応が違いますが、通常は1～3カ月分を滞納すると、図表3のような「通知書」が郵送されてきます。

ローンの返済は通常、銀行口座から引き落とす形で行われます。口座に十分な残高がなく、引き落としができない場合、融資元である金融機関はローンの借り手に対して返済をうながす連絡を行います。その際には勤務先や自宅に電話をかけたり訪れたりするのではなく、通知書を郵送するという手段を執ります。

図表3は返済を1回滞納した際に送られてくる「ご入金のお願い」という通知書の例です。手違いで引き落とし口座のお金が足りないというトラブルは誰にでも起きる可能性が

［図表2］ローン滞納から退去にいたるまでのイメージ

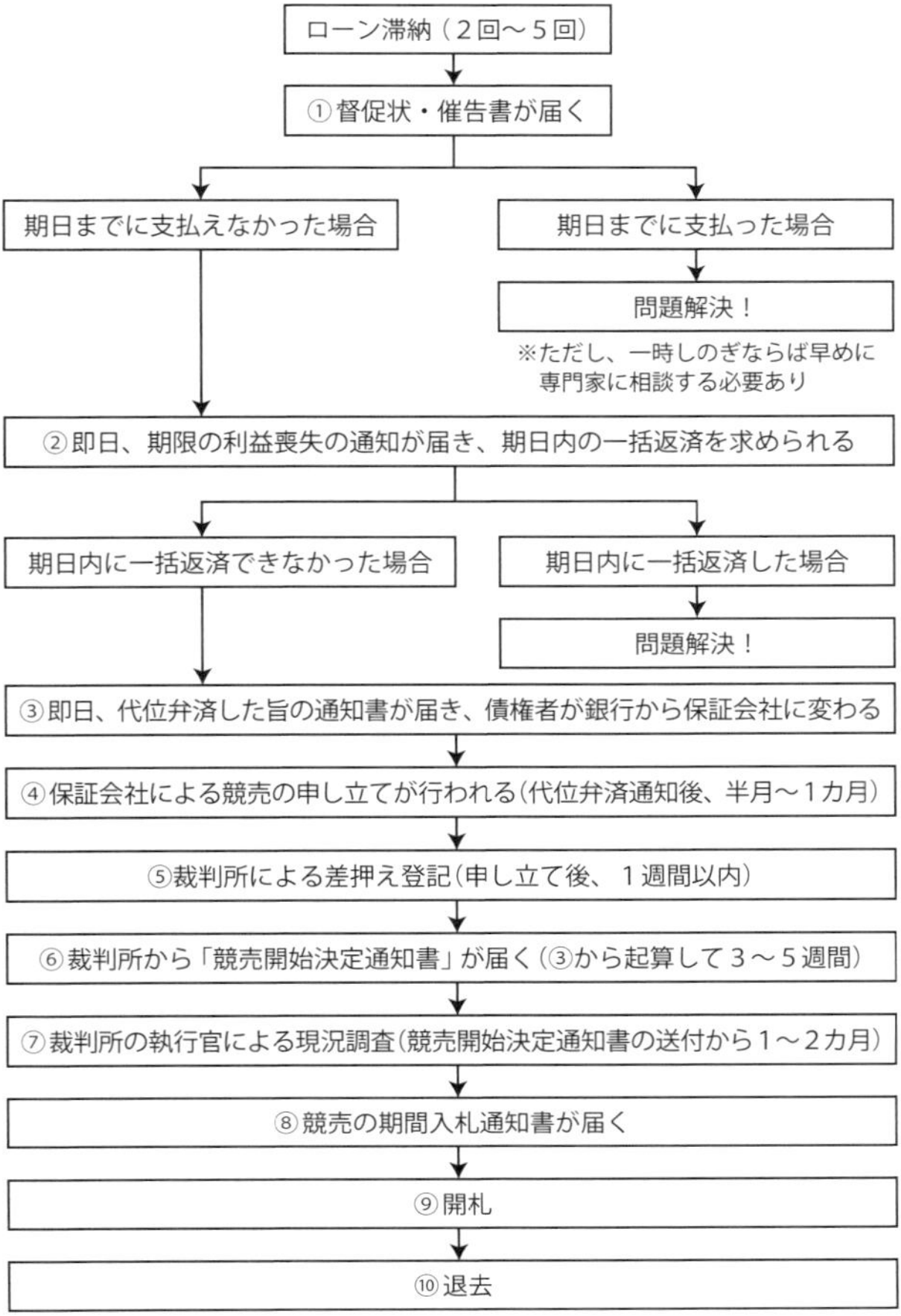

[図表3] 通知書の例

ご入金のお願い

〇山〇太郎様

平成〇年〇月〇日

毎度お引き立てにあずかり厚く御礼申し上げます。先般よりご利用いただいております下記ローンのご約定返済日をすでに経過し、また過日ご入金のお願いをいたしましたにもかかわらず未だご入金いただいておりません。

ご多忙のおり恐縮ですが、至急取扱店のご指定口座にご入金ください。

これ以上延滞されますと、その事実が銀行または保証会社が加盟する個人信用情報機関に登録されることになりますので、なにか特殊のご事情がおありの場合には取扱店まで至急ご連絡ください。

万一本状と行き違いによりご入金済の場合は、あしからずご容赦ください。なお、本件についてのご照会および返済に関するご相談は取扱店の融資係までお願いいたします。

口座番号 〇〇〇〇〇〇	ご約定返済日 平成〇年〇月〇日	ご返済金額 ¥84,686
ローン名称 住宅ローン（変動型）元利均等		
ご返済口座取扱店 〇〇支店	科目 普通預金	預金口座番号 〇〇〇〇〇〇

〇〇銀行

取扱店　〇〇支店

電話番号

あり、特に珍しいものではありません。

したがって、送られてくる通知書は簡素な書類一枚であり、文面も事務的に「事情があるなら相談を」と呼びかけるものとなっています。個人信用情報機関への登録――いわゆるブラックリストへの掲載に関する記述がありますが、この段階でブラックリストに載ることはありません。入金を失念していた場合にはすみやかにお金を入れるだけで、金融機関の側も問題はないものと了承してくれます。

ところが滞納が2回目になると、銀行の対応は少し違ってきます。送られてくる葉書は1回目とほぼ同じですが、担当の融資係から電話があり「どうしましたか？」など事情を確認されることが少なくありません。手違いによる残高不足は誰にでもあることでしょう。けれどもそれが2回重なると、「単なるミスではなく、支払えない事情があるのでは？」と金融機関の側も考え始めるのです。ただしこの時点では金融機関も債権回収に向けて積極的なアクションを起こすことはありません。

ところが滞納が3回目になると事情が大きく変わります。金融機関の融資担当者から電話が入るのに加え、送られてくる文書も葉書ではなく内容証明郵便による「督促状」や

［図表4］督促状の例

督　促　状

平成○年○月○日

毎度お引き立てにあずかり厚く御礼申し上げます。早速ですが、先にご用立ていたしました○○住宅ローンにつきましては、○月分からお払い込みがなく、ご入金をお願いいたしておりますにもかかわらず、現在まで３カ月分も延滞となっております。これ以上延滞されますと、当行といたしましても不本意ながら約定により、抵当物件の処分をせざるを得ません。万一このようなことになりますと、抵当権の実行（住宅・土地の競売）による回収措置が執られることとなります。

ご多忙中誠に恐縮ですが、延滞分を至急ご指定口座に入金いただけますようよろしくお願いいたします。

なお、本状発送後にご入金されましたときはあしからずご容赦ください。本状についてのご照会およびご返済に関するご相談は下記取扱店にお申し付けくださいますようお願い申し上げます。

〒○○○-○○○○
○○県○○市○町○番
○○銀行○○支店

「催告書」になります（図表2「①督促状・催告書が届く」）。

督促状の内容を要約すると、主に次のようになります。

- 金融機関が定めた期日である○月○日までに滞納している返済分を全額支払いなさい
- 支払いが確認できない場合には、「期限の利益」を喪失することになる
- 「期限の利益」が失われると、一括返済を請求する
- 一括返済できない場合には、保証会社による代位弁済がなされる
- 代位弁済後の金利は住宅ローン契約の金利から14％になる
- 代位弁済後は窓口が債権回収部署または保証会社に移行する
- 代位弁済後に一括返済ができない場合には競売の申し立てを行う

ローンの支払いがない場合に今後金融機関がとる法的な措置について記載されており、借り手に緊迫感を与える内容となっています。

督促状が届いたにもかかわらず対応しないでいると、次に届くのが「催告書」です。文

面はほとんど督促状と同じですが、より強い文言が使われており、競売申立にいたる最後通告として送付されるものです。

ローンを滞納することになった人の多くは、通知書や督促状、催告書が届いた時点でどう対処すればいいのかわからないため、放置してしまうことが少なくありません。「返済を」と求められても、支払う経済力がそもそもないので、対処できないのです。

しかしながら金融機関からの連絡を放置すると図表2の流れどおりに事態が進んでしまい、最終的に自宅は競売にかけられ、すべてを失った状態で退去することになってしまいます。

分割返済が認められなくなる「期限の利益喪失」とは？

本来、一括で支払うべき借金を複数回に分けて支払うのがローンです。ローン契約では一定期間内に一定のペースで返済することが認められており、法律用語では借り手に与えられたこの権利を「期限の利益」と呼びます。

たとえば3000万円を返済期間35年のローンで借り受ける場合、借り手は35年という

「期限の利益」を得ます。その代償として金融機関には金利を支払うことになっており、前記ローンの利率が1・0％なら、金融機関が得る利息の総額は556万7998円という大きな額になります。

これがローン契約ですが、契約が維持される前提として、「最後まできちんと返済を続けてくれるはず」という信頼が欠かせません。したがって民法には信頼が損なわれたことを理由にこの「期限の利益」が失われるケースが規定されています。

『民法（第137条）上の期限の利益喪失事由』
(1) 債務者が破産手続開始の決定を受けたとき
(2) 債務者が担保を滅失させ、損傷させ、又は減少させたとき
(3) 債務者が担保を供する義務を負う場合において、これを供しないとき

さらにローンの提供を受ける際に金融機関と交わす「金銭消費貸借契約書」には、契約条項として次のような「期限の利益喪失事由」が定められています。

「金銭消費貸借契約の期限の利益喪失事由」
（1）債務者が倒産手続（破産手続、民事再生手続、会社更生手続、特別清算手続）に入った事実
（2）債務者の信用不安を窺わせる事実（支払停止・支払不能に陥ったとき・手形交換所から不渡処分または取引停止処分を受けたとき・第三者から差押え・仮差押え・仮処分を受けたとき等）
（3）当該契約その他の当事者間で締結される契約に違反した事実
（4）その他（所在不明、解散等）

ローンの滞納は（2）に該当するため、「期限の利益」を喪失する理由になり、「期限の利益喪失の通知」が送られてくるのです。（図表2「②即日、期限の利益喪失の通知が届く」）

「期限の利益」を失ってしまうと、ローンの借り手は負債を一括返済しなければなりませ

ん。一括返済ができなければ、次の段階として「代位弁済」へと進んでしまいます。

ローンの返済先が変わる？　代位弁済とはどのようなものか？

住宅ローン契約を結ぶ際には必ず保証会社を利用し、そのための費用も支払います。万が一借り手がローンを返済できなくなった場合、代わりに一括返済するのが保証会社の役割です。これを「代位弁済」といいます。

もともと借り手に対して「借金の返済を求める権利＝債権」を保有するのは住宅ローンを提供した金融機関です。図表5では借り手に対して融資を行った○○銀行が債権を持っていることになります。

金融機関は債権に基づいてローンの返済を受けますが、支払いが滞り、督促しても返済が受けられないようになると「借り手から返済を受けるのは難しい」と判断します。その場合には借り手ではなく返済を保証している保証会社に対して、ローンの一括返済を求めます。

金融機関から返済を求められた保証会社はそれに応じて返済を行います。これが代位弁

［図表5］銀行、保証会社、借り手の関係

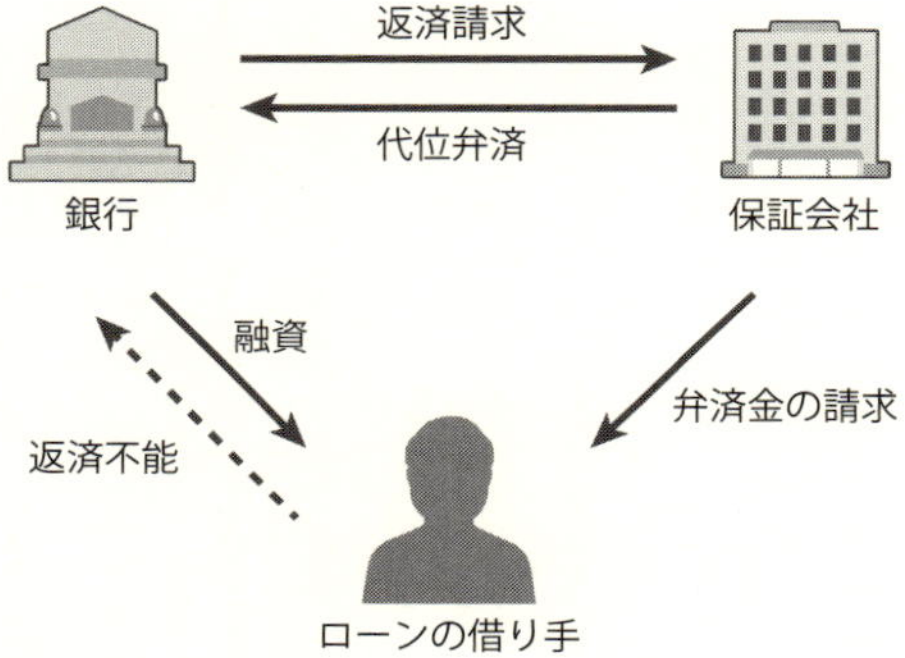

済です（図表2、③を参照）。

代位弁済が行われると、債権の持ち主は○○銀行から××保証会社に変わります。保証会社はそのままでは大きな損失を被ることになるので、肩代わりした借金の返済をローンの借り手に求める権利＝債権を銀行から引き継ぐのです。すなわち、「代位弁済の通知」（図表2③）とは、代位弁済が行われたことで「今後はお金を返す先が金融機関ではなく保証会社に変わった」と知らせるものです。

保証会社による競売の申し立てとは？

代位弁済が行われると、借り手には保証会社に対して、残債を一括返済する義務が生じます。「期限の利益」が失われているため分割返済は認められませんが、そもそもローンの支払いに行き詰まった借り手には、多くの場合、残債を一気に清算するだけの財力はありません。

そこで行われるのがほとんど唯一の財産である自宅の競売です。保証会社は通常、代位弁済を行った後、半月から1カ月で「競売の申し立て」を行います（図表2④を参照）。

競売申立のよりどころとなるのは保証会社が保有する抵当権です。もともとローン契約を結ぶ際には自宅を担保とする抵当権を設定しますが、この際に抵当権者となるのは融資を提供する銀行などの金融機関ではなく保証会社です。ローン契約では最初から、返済に行き詰まったときのことが考慮されているのです。

競売というのはローンの借り手が借入金を返済できなくなったとき、債権者が抵当権を設定されている担保物件を差押えて、強制的に売却することにより債権を回収する仕組みをいいます。もちろん抵当権を設定しているとはいえ、他人の住まいを勝手に売却することはできません。競売を実行するに当たっては、まず債権者である保証会社が裁判所に申し立てる必要があります。

借り手にとっては自宅を強制的に売却されてしまう手続きの始まりが「競売の申し立て」なのです。

・抵当権とは？

住宅ローンなどの借金をするときには「担保」を設定します。これは借金の返済ができなくなったときに貸し主が担保となった財産を取り上げて処分し、貸金を回収できるという権利を契約の中に盛り込むもので、この権利を抵当権と呼びます。

住宅ローンの場合には購入した住まいにこの抵当権が設定され、そのことを公的に示す「抵当権設定登記」が行われます。

裁判所による差押え登記とは？

競売の申し立てが行われたら、裁判所はその財産についてすみやかに差押え登記を行い、登記簿にその旨を記載します（図表2⑤を参照）。借り手には裁判所から差押通知書が届くため、手続きがなされたと知ることができます。

差押えは債権者である保証会社の権利を守るための手続きです。差押え登記がなされた財産は、自分のものであっても売却したり譲渡したりできなくなります。そのため、「高値で買ってくれる人が見つかった！」という場合にも、所有者の判断だけでは売却できません。

抵当権を設定した物件を勝手に処分されてしまうと、保証会社は競売の売却代金によって代位弁済した分の返済を受けられなくなる可能性があります。そのため競売の申し立てと同時に自宅の差押えが行われるのです。

裁判所から届く「競売開始決定通知書」とはどのようなものか？

保証会社が裁判所に提出した「競売の申し立て」が受理され、競売が実際に開始されることを知らせるのがこの「競売開始決定通知書」です。正式には「担保不動産競売開始決定通知書」と呼ばれ、競売を取り扱う地方裁判所の民事部から送られてきます（図表2⑥参照）。

なお、入札期間や入札の結果を明らかにする開札期日や売却を決定する期日などは、次に届く「期間入札通知書」に記載されています。この「期間入札通知書」は、入札のだいたい1カ月から1・5カ月前に送られてきます。

裁判所の執行官による現況調査とはどのようなものか？

入札を開始する前には裁判所から執行官が派遣され、競売にかけられる物件の調査が行われます（図表2⑦参照）。執行官と不動産鑑定士は、それぞれの立場から物件の評価を行うための現況を確認します。

執行官が調査するのは「現在誰が住んでいるのか」「建物に不具合はないか」「土地の大きさや形状などに登記簿の記載内容との差異がないか」などの項目です。物件の写真撮影なども行い、同居する家族がいる場合には家族への聞き取り調査も実施します。

執行官の現況確認は法律に基づいて行われるため、「家に入らせない」など拒否することはできません。

裁判所は不動産鑑定士の査定と執行官の調査を合わせて物件の売却基準価額を定めます。競売にかけられる不動産は一般に売却が難しいため、市場価格より低く見積もられます。

競売の期間入札通知書が届くとどうなるのか？

執行官による現況調査などの下準備が終わると、いよいよ競売の日程が定められます。予定された入札の開始日と終了日、さらに開札日が決められ、「競売の期間入札通知書」に記載されて物件の保有者であるローンの借り手に届けられます（図表2⑧参照）。

入札期間は1週間以上、1カ月以内と定められており、入札開始の2週間前までに競売が行われる物件の情報が「公告」として裁判所等に掲示されます。「公告」には対象となる不動産の情報の他、入札期間、売却基準価額、入札に際して必要な保証金に関する情報などが記載されています。

開札はどのように行われるのか?

「開札」(図表2⑨参照)は入札期間終了後、あらかじめ定められた期日に管轄の裁判所内で実施されます。裁判所の執行官がその場で入札書の入った封筒を開封し、入札者の名前と記入された金額を読み上げていきます。もっとも高い価額をつけた入札者が買受人となります。

退去はどのように行わなければならないのか?

開札が行われ買受人が決まっても、物件の所有権がすぐに移転するわけではありません。買受人は「売却許可決定」→「売却許可決定の確定」→「代金納付」→「所有権移転等」という手続きを経て、ようやく真の所有者になります。所有権の移転まで開札日から約3週間かかりますが、買受人は通常、住人との退去時トラブルを回避するため、所有権を獲得すると同時に引き渡し命令の申し立てを裁判所に行います（図表2⑩参照）。この要求に従わなければ「不法占拠者」と見なされ、強制退去の措置がとられることもあります。

したがって、開札日から3週間以内にもとの所有者は引っ越しを完了させる必要があるのです。

ただし、実際に強制退去を行うには買受人は裁判所に申し立てて「強制執行の断行・立ち退き」という措置をとらねばなりません。「引き渡し命令の申し立て」から、最終的に「強制執行の断行・立ち退き」が実施されるまでには「引き渡し命令の確定」→「強制執行の申し立て」→「明け渡し催告」といった手順が必須であり、約2カ月かかります。開札日から勘定するなら約3カ月の時間があるので、「その間に引っ越し先を見つければいい」と考えることもできます（図表6）。

［図表6］ 開札から立ち退きまでの流れ

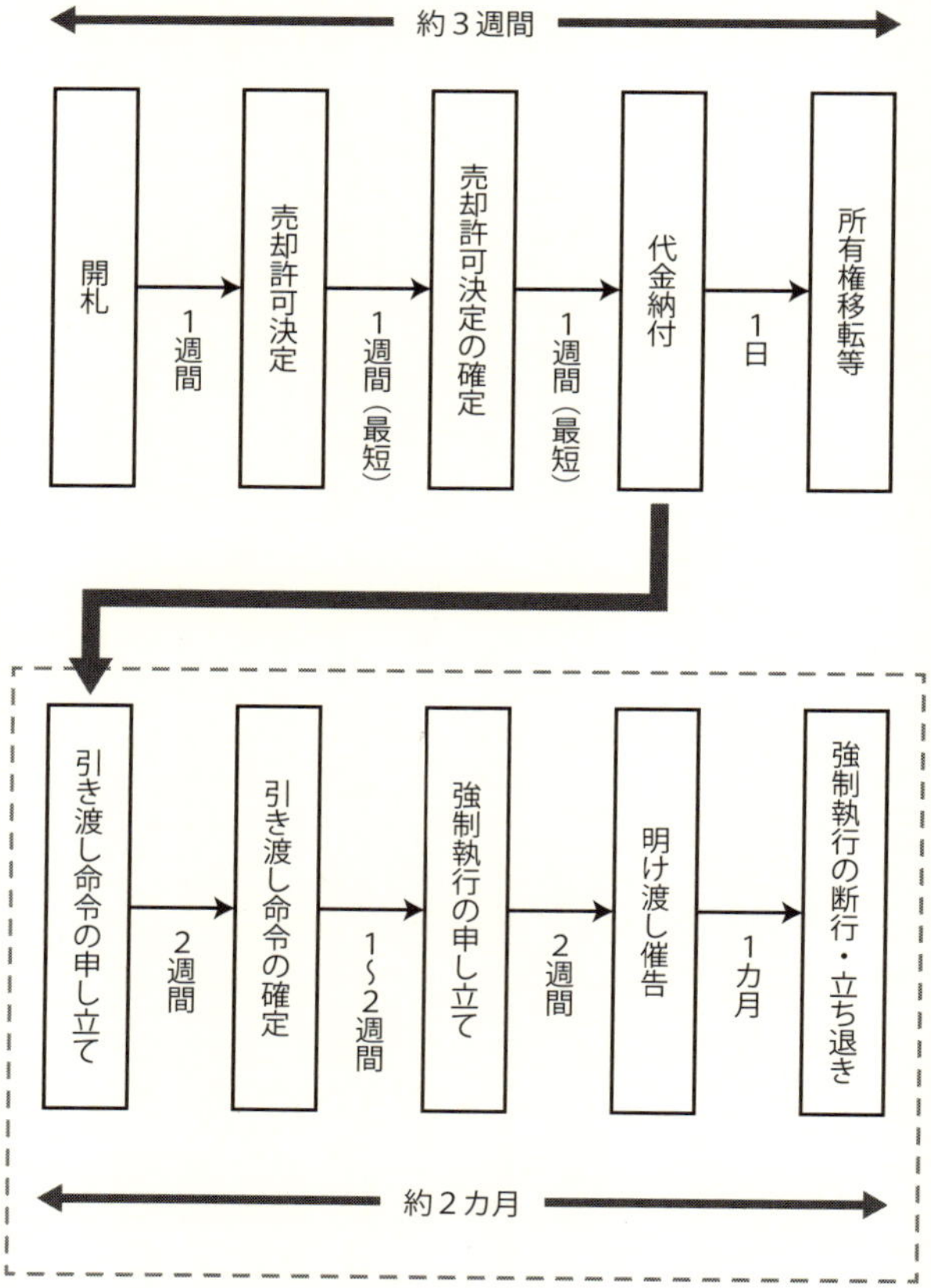

競売は住宅ローン破綻における最悪の結末

住宅ローンを支払えなくなったからといって、必ずしも競売にいたるわけではありません。「返済が破綻したのだから他に道はない」と考える人が少なくありませんが、競売は最悪の結末といえます。

不動産を売却したり債務を清算したりするときには通常、いろいろな交渉を行います。その後の暮らしがしっかりと成り立つよう、立ち退きの期限や引っ越し費用の提供、物件売却後の残債をどうするかなどについて交渉を進めるのが一般的な手続きです。

ところが競売になると、債権者と裁判所が事務的にどんどん話を進めてしまいます。図表2を見てもわかるとおり、債務者が債権者や裁判所と話をする機会はほとんどありません。家を失った後の生活を維持できるよう、工夫する余地がほとんどないのです。

売却価格が安くなる点も競売の大きなデメリットです。不動産は工夫することにより高値での売却が可能ですが、競売になると裁判所が事務的な流れで売却手続きを進めるため、そういった工夫をすることができません。

競売物件には一般の売買にはないリスクがあるため、買い手の側も高値をつけられないのです。通常の売買なら買い手は購入を決める前に物件の内覧をすることができます。室内の様子を目で見て確認できますが、競売の場合には裁判所の執行官以外は物件の中に入ることができません。

保証がつかないことも競売物件に付随する大きなリスクです。一般の建物には瑕疵《かし》担保保証など売り手の保証がつきますが、競売物件には一切保証がありません。そのため代金を支払ってから欠陥に気づいても買い手は自己責任で対処するしかないのです。

こういった事情があるため競売物件の売却価額は市場価格の6～7割程度にとどまります。残債が多い場合には、売却代金で清算できず、自宅を失った上に借金が残ってしまいます。

競売後の自宅は落札者のものなので、もちろん住み続けることはできません。後の章で紹介しますが、競売を避けられれば、そのまま住み続けられるケースも少なくありません。ところが競売における落札者の多くは、リフォームや解体によって再販売を目的とする不動産事業者なので、そういった対応を求めることはほぼ不可能です。

家を明け渡すための引っ越し費用も、競売の場合は得ることができません。売却代金は裁判所から債権者に配当として渡され、もとの所有者の生活再建資金として支払われることはないのです。

ローン破綻した人にとってはさらに、情報流出による精神的な苦痛も多大です。

情報流出は主に二つの段階を経て進みます。最初に競売の情報が公開されるのは「配当要求公告」という裁判所の手続きによります。競売を申し立てた人だけでなく、その他の債権者も平等に配当を受け取れるよう、裁判所が広く競売になる物件の所有者や債務者の氏名、所在地などを公開するのです。

さらに競売の日取りが決まると、裁判所は競売参加者を募るために物件に関する詳細な情報を公開します。不動産としての評価や差押え、諸権利関係や使用状況、外観や屋内の写真なども広く一般に公開されてしまうのです。この情報は不動産競売情報サイト「ＢＩＴ（Broadcast Information of Tri-set System）」にも掲載されるので、多くの人に住所が特定され、室内の状況まで見られてしまいます。

この情報公開により、物件に関心を抱いた不動産事業者が現地調査を実施することもあります。住まいの周辺を調べられたり、場合によっては近隣住民に対する聞き取りや、競売への参加勧誘チラシの配布が行われたりと、情報は広く拡散していきます。

競売にいたった債務者がたどる悲惨な末路

住宅ローンの返済で破綻した人の末路は厳しいものになります。

前述のとおり、自宅を手放しても債務が残ってしまうケースが多く、その場合には家賃などの住居費を支払いながら、債務を返済しなければいけません。もともと住宅ローンが支払えなくなった世帯は経済的な問題を抱えています。リストラや事業の失敗、病気、離婚などの事情があり、家計が火の車になっているのです。

そんな中、自宅を失った上に債務を支払い続ける暮らしは非常に過酷なものです。住居費を支払いながらカードローンや事業の借金、病気の治療費、離婚に伴う慰謝料や養育費などを支払い、さらに残債の返済をすることは非常に大きな負担です。爪に火をともすような暮らしをしても、家計を成り立たせるのは至難の業でしょう。

だからといって退去をズルズルと引き延ばせば、最後には強制退去ということになります。その場合には退去する日取りを選ぶことができなくなるので、引っ越し先が決まっていなくても家を出て行かねばなりません。住み慣れた家から強制的に追い出されてしまうのです。

実際、競売にいたる人の中には、ピンチのときに適切な対応を怠ってしまう性格の人が少なくないため、お金も行く当てもなく家を出ることになり、ホームレスになってしまうケースが見られます。

また、競売のせいで生活だけでなく、人間関係が破綻してしまうケースも多々見られます。自宅を競売によって手放してなお残った債務について、連帯保証人が支払いを請求されることがあるためです。

保証人になってくれるのは親や兄弟、ごく親しい友人など大切な絆で結ばれた人たちです。債権者はそんな人たちに対して残債を清算するよう請求を行います。保証人の預貯金はもちろん、十分な金融資産がない場合には、家までもが返済の原資にされるため、老親や家族を持つ兄弟姉妹、友人に多大な迷惑をかけることになれば、それまで大切にしてきた絆が傷つき、ときには失われてしまうかもしれません。

前述した情報の流出も家族にとっては大きな痛手となります。競売は大々的に公示されるので、ご近所や地元のコミュニティに知られてしまい、心ない噂が流れるケースは少なくありません。ときには子どもが学校でいじめられ不登校になるなど、幅広い影響が起きるものと考えておく必要があります。

［第3章］

マイホームに住み続けることもできる！ 残ったローンを激減させる「任意売却」とは？

住宅ローン破綻にいたった家庭の事情は複雑で、さまざまな要素が絡んでいるため、お金の問題だけを解決しようとしてもうまくいきません。この章では住宅ローン破綻にいたった5つの家族を例にあげて、具体的に問題点をピックアップし、解決策を解説していきます。

【CASE1】経営者の夫が突然の病に！　裕福な家庭を襲った悲劇

《丸太さん（62歳・男性）》

職業：電気工事会社経営
年収：1500万円
備考：15年前に脱サラして電気設備工事の会社を起業。会社設立当初は苦しい時代もあったが、温厚で真面目な人柄が評価され事業に成功。子どもは長男と次男がおり、2人とも成人後離れて暮らしている。

《丸太さんの妻（58歳・女性）》

職業：主婦

備考：自宅で料理教室を開くほどの料理好き。将来的には外食店を経営したいという思いがあり、自宅にはそのためのスペースを設けた。

《物件とローンの詳細》

住宅のタイプ：新築一戸建て（注文住宅）

購入価額：７５００万円

うち住宅ローン：６５００万円

ローンの詳細：返済期間35年・金利３・０％（元利均等）

公的金融機関、民間銀行から分散して融資を受けたため、自宅には保証会社の分を含め３番抵当権まで設定された。

毎月の返済額：25万１５３円

丸太さん一家が自宅を購入したのは15年前のことです。当時、事業が軌道に乗り、安定的に収入を得ていた丸太さんは京都市内でも人気の高いエリアに売り物件が出たことを知り、住宅ローンを組んでこだわりの注文住宅を建てたのです。

土地と建物を合わせた価格は6500万円あまりでしたが、さらにキッチンにプロ仕様の設備を導入したため、余分なコストが1000万円かかりました。合計7500万円のうち、頭金として自己資金を1000万円入れたので、住宅ローンの総額は6500万円、月々の支払いは25万円あまりにのぼりました。

大きな額のローンですが、丸太さんの年収は1500万円ほどあったため、ローンの審査に問題はなく、むしろ窓口になった銀行は「もっと借りませんか」とすすめたほどでした。

新しい住まいでの暮らしは一家にとって快適なものでした。住宅購入時に小学生だった長男と次男は新居で育ち、有名大学を卒業してそれぞれ独立していきました。事業も順調でローンの支払いに困ることはなかったのですが、15年を経て突然問題が発生しました。それまでバリバリ働いていた丸太さんに異常行動が見られるようになったのです。温和で顧客思いな人柄だったのが、仕事先とたびたびトラブルを起こすようになりました。簡単なミスが増え、指摘されるとキレるという今までの丸太さんからは考えられない行動をとるようになったのです。

家でもひんぱんに感情を爆発させるようになりました。すっかり人が変わってしまったことに家族は戸惑うばかりでした。病院で診断を受けた結果、認知症の一種である前頭側頭型認知症と診断されました。感情をコントロールする前頭葉と側頭葉に障害が起きる病気で、物忘れはあまり起きないものの、異常な行動や社会的に問題のある行動が増えるという症状に特徴があります。丸太さんの場合は顧客と喧嘩になることが増え、ついには仕事を続けることができなくなってしまいました。

収入が途絶えローンの支払いに行き詰まる

丸太さんの症状は急激に悪化し、仕事を続けることができない状態となりました。

一家の収入はそれまで、丸太さんの事業から上がる収益がほぼ１００％を占めていました。料理好きの奥さんがたまに教室を開いて料理を教えていましたが、趣味の域を出ず、利益はほとんどありません。丸太さんが働けなくなると、一家の収入はあっという間に途絶えてしまいました。

困った奥さんは自宅を改装して喫茶店を始めることにしました。付き合いのある近所の高齢者などがお客として来てくれたものの、夫を介護しながらの営業なので、働ける時間にも限りがあります。

丸太さんは怒鳴ったり暴れたりするだけでなく突然倒れることもあったので、24時間目が離せません。片手間の喫茶店では売上は月に15万円程度にしかならないため、足りない分は貯金を切り崩しながら住宅ローンを支払い生活費を賄う暮らしでした。しかしながらローンだけで月額25万円かかる上、丸太さんの介護や通院にもお金がかかります。貯金はすぐに底をつき、ついには住宅ローンを支払えなくなってしまいました。

競売を避け、任意売却で自宅に住み続ける道を模索

住宅ローンの返済を滞納すると、第2章で紹介したような通知書や督促状が届きます。丸太さんの家にも督促状が届くようになったため、奥さんが私のもとに相談にやってきま

した。

私が彼女にまず訊ねたのは「今後どのように暮らしたいのか」ということでした。答えによって適切な対応は変わってくるためです。

彼女が一番強く希望したのは「今の家にそのまま住みたい」ということでした。家に対する愛着が強い人は多いのですが、中高年の方は特に慣れ親しんだ地域社会に対する思い入れがあり、同じ場所で暮らしたいという強い思いを持っている傾向があります。

丸太さんの奥さんが自宅で喫茶店を開いたのは、なんとか収入を得たいという思いからでしたが、近所の人との交流を楽しめることが、辛い介護生活の中で得がたい楽しみとなっていました。

「出ていかなければと覚悟はしている」と言いながらも、彼女が本心から望んでいたのは「なんとか住み慣れた家で暮らしたい」ということでした。

ローンを滞納しているにもかかわらず、自宅に住み続けたいというのは虫のよすぎる希望に見えるかもしれません。けれども不可能ではないのです。

私がその方法として提案したのは「任意売却」でした。

金融機関と交渉して抵当権つきの物件を売却する任意売却とは？

不動産の売却には第2章で紹介した「競売」の他に「通常売却」と「任意売却」があります。「通常売却」は所有者の一存で売却を決断でき、価格や条件なども所有者が自由に決めることができるものをいいます。不動産であれ何であれ、普通は自分の持ち物を売るのに誰かの承諾を得る必要はありません。自分が売りたいときに、売りたい価格で売却することができます。

一方、抵当権が設定されている物件についてはそうはいきません。抵当権を外してもらわなければ売却できないため、住宅ローンの残債がある物件を売却したい場合には、残債を完済して、金融機関などの債権者に抵当権を外してもらう必要があります。借金をすべて返して、物件が完全に自分のものになった状態でないと、売却できないのです。

しかしながら、住宅ローンの返済に行き詰まっている人は残債を完済することができません。物件を売却したければ、抵当権者と交渉することで「売ってもいい」という同意を得ることが必須です。「誰に」「いくらで」「どんな条件で」売却するのかを所有者だけで決めることはできず、必ず債権者の同意が必要となります。これが任意売却です。

ローンを支払えなくなった人が金融機関と交渉して了承をとり、全額返済できない状況下で売買を成立させるためには金融機関の協力が必須ですが、多くの場合は交渉に応じてもらえます。金融機関にとっても任意売却にはメリットがあるためです。

債務者が任意売却を行わなければ、金融機関は抵当権を行使して物件を競売にかけることになりますが、競売には「いくらで売れるかわからない」という大きなデメリットがあります。市場価格の6~7割程度で売却されることが多く、残債が多い場合には金融機関にとって回収不能の大きな損失が発生します。

一方、任意売却でうまく買い手が見つかれば、市場価格に近い価格で売却することも可能です。金融機関にとっては「より大きな額を回収できる」というメリットがあるため、交渉に応じるケースが多いのです。

丸太さんの場合も抵当権を設定している金融機関との交渉を行い、任意売却の手続きを始めることとなりました。

任意売却の価格設定は3000万円に

競売とは異なり、任意売却は必ず成功するとは限りません。最大の障壁となるのは「ノー」という権限を持っている金融機関です。

基本的には競売よりメリットが大きいはずの金融機関ですが、売却価格が低くなれば回収できる額が少なくなるため抵当権の解消に応じてくれません。したがって「いくらで売るのか」が任意売却での大きなポイントとなります。

通常は不動産鑑定士などが査定を行い、妥当な金額を算出します。もっとも参考にされるのは近隣の取引事例ですが、丸太さん宅の場合にはあまり土地取引がなされないエリアだったので、参考にできる事例がほとんどありませんでした。

そこで路線価などその他の基準から割り出したところ、市場価格は3500万円程度となりました。

通常はこの価格で買い主を探します。市場価格より極端に低いと債権者である金融機関が同意してくれません。また債務者にとっても価格が低くなると残債が大きくなるため不利というのが一般的な考え方です。

しかしながら丸太さんのケースで私がつけた売出価格は3000万円でした。詳しい理由は後で解説しますが、高値をつけると「住み続けたい」という希望を叶えることが難しいため、市場価格より500万円も低い値段をつけたのです。

幸い、金融機関の同意も得られたので、この価格で買い主を探すこととなりました。

ご近所で買い手が見つかり、住み続けられることに

買い手を探す中で私が条件としたのは「丸太さんの奥さんをそのまま住まわせてくれる人」を見つけることでした。

売出価格を市場価格より安い価格に設定できたため、買い主候補は多数見つけることができます。そんな中、「ぜひ買いたい」と手を挙げてくれたのは、丸太さん宅の近所に住む資産家のAさんでした。もともと丸太さん宅の立地に魅力を感じていたAさんは、「息子が結婚したら住まわせたい」という理由で購入を申し出てくれたのです。

そこで私が出したのは「息子さんが結婚するまでは、丸太さんの奥さんをそのまま住ま

わせてほしい」という条件でした。Aさんが承諾してくれたため、丸太さんとは賃貸借契約を結ぶこととなりました。丸太さんが所有していた物件は購入したAさんのものになりますが、Aさんがその家を丸太さんに貸すという形をとることで、丸太さんの奥さんはそのまま居住し続けられることになったのです。

一般的な賃貸借契約を結ぶと、Aさんの息子が結婚してその家に住みたいとなった際、丸太さんの奥さんに退去してもらうのが難しくなるので、2年という期限を定めた定期賃貸借契約を結ぶことにしました。2年後にまだAさんの息子が独身であれば、再度賃貸借契約を延長することもできます。

家賃は7万円と定めました。一般的に賃貸物件の利回りは10％程度が目安です。つまり3000万円を投資した物件であれば、年間300万円の家賃収入が目標となります。月額にすると25万円ですから、丸太さんが支払えなくなったローンの返済とほとんど同額です。そんな高額の家賃を支払うのは不可能なので、Aさんには一般的な家賃より大幅に低い7万円で納得してもらったのです。

Aさんにとっては、「気に入っていた場所に家を買えた」「市場価格3500万円の物件を3000万円で購入できた」「2年で出て行ってもらえる定期賃貸借契約を結べた」などの利点がありました。そのため相場よりかなり低い家賃で承諾してもらえたのです。

喫茶店経営を頑張り、生活が安定

自宅に住み続けられるようになった丸太さんの奥さんはその後、収入源である喫茶店の経営に励んでいます。以前はやっていなかったモーニングサービスを始めるなど、売上の増額に努めており、家計をどうにか賄えるようになりました。以前は25万円かかっていた住居費が7万円に下がったため、喫茶店の売上が少し伸びれば、生活していけるようになったのです。

売却にあたって諸経費などのコストがかかったこともあり、最終的に500万円ほどの債務が残りましたが、金融機関との交渉で「支払える範囲でかまわない」という合意が得られたため、残債については月々5000円程度返済しているだけです。

「家をなくしたら路頭に迷うところでした」。丸太さんの奥さんはしみじみ振り返っています。

喫茶店は自宅の一部なので、もし競売になっていれば、住む家を失うだけでなく収入源までなくなってしまいます。60歳近い年齢を考えると、就ける仕事はあまり多くありません。夫の介護と掛け持ちでは、採用自体も難しいでしょう。任意売却に成功したからこそ、丸太さんの奥さんは生活を立て直すことができたのです。

定期賃貸借契約が期限を迎えたら、家を明け渡すことになるかもしれませんが、今のところAさんの息子に結婚の予定はないそうです。2年ごとの契約を何度か更新するうちには、丸太さんの奥さんも年金をもらえる年齢に達します。さらには2人いる息子たちも経済的に安定し、助けてもらえるようになるのではと期待しています。

競売に比べて任意売却には債務者のメリットが大きい

裁判所が一定の流れにしたがって行う競売に比べ、任意売却には債務者にとってもさまざまなメリットがあります。

①売却価額が高くなる

裁判所が事務的に行う競売では通常、不動産物件の売却価額は前述のとおり市場価格の6～7割程度になります。一方、任意売却の場合には準備に充てられる時間的な余裕や取り扱う事業者の力量にもよりますが、市場価格に近い価額で売却できることが少なくありません。

②引っ越し費用・生活準備金をもらえる

住まいを売却して退去するためには一定の資金が必要です。引っ越し費用や新しい住まいを確保するための敷金や礼金など、まとまった額のお金がなければ、ホームレスになりかねません。

競売の場合には一切、債務者に対する配慮がなされないため、引っ越し費用等は自分で確保しなければなりません。一方、任意売却では買い主に対してさまざまな交渉が可能であり、引っ越し費用や生活準備金などを売買代金とは別に用立ててもらえるケースもあります。

③債務を最小限にできる

競売では物件売却後の残債についても返済義務が存続します。

詳しくは第４章で解説しますが、任意売却後の残債については、金融機関とさまざまな交渉をすることで、事実上残債を最小限にできるのです。

④保証人への影響を軽減できる

競売後の残債は全額が連帯保証人に請求されます。残債３０００万円の物件が競売の結果１２００万円で落札された場合、１８００万円の債務が残ります。債務者が支払えなければ、この残債の返済は連帯保証人に請求されることになります。

しかし、任意売却の場合には債務整理の方法によって保証人への影響を最小限に軽減できる場合があります。

⑤そのまま住める可能性がある

競売の場合には買い手はほとんどリフォームして再販売することを計画する不動産事業

者なので、債務者が住み続けられる可能性はありません。

一方、任意売却の場合には丸太さんの奥さんのように、買い手とあらかじめ賃貸借の交渉を行った上で売却をすることにより、居住し続けることが可能です。必ずしもできるとは限りませんが、任意売却を手がける事業者の手腕によっては非常に高い確率で、継続的に居住することが可能となります。

⑥近隣の人などに知られずにすむ

住まいが競売になれば、裁判所が行う情報公開や近隣への聞き取り、入札を計画する不動産事業者などの活動により、その情報が周辺に広まります。

任意売却の場合には、競売の申し立てをされる前であれば、情報の拡散を最小限に抑えながら買い手を探し売却を行うことができます。丸太さんのように引き続き居住するケースでは、物件の所有者が変わったことさえ周囲に知られることはほとんどありません。

任意売却の条件となるローンの滞納

任意売却が成立する条件の一つに「ローンを滞納していること」があります。

少しおかしな言い方になりますが、ローンの滞納があり、「返済不可能」と判断できなければ、金融機関は任意売却を認めてくれません。いち早く家計の行き詰まりに気づいた所有者が「滞納する前に任意売却をして残債を減らしたい」と考えても、金融機関は交渉に応じてくれないのです。

これはローンをまだ滞納していない人については、どれほど経済状態がひっ迫していても、金融機関が「返済不可能」と判定できないためです。「返済できるかできないか」という判断は本来、債務者がするものです。端から見て「まだ節約生活に徹すれば返済は可能では？」と思える状況でも債務者が「もう払えない」と決断すれば、「それでも支払い続けろ」と強制することはできません。

返済するかしないかは、あくまで債務者が決めることです。債務を返済しないことは契約不履行には当たりますが、法律違反ではありません。返済しない場合には抵当権の行使などペナルティが課せられることになっており、それを承知の上で返済を中断するのは債務者の自由なのです。

しかしながら、金融機関が任意売却を認めるためには、「返済可能だが許可する」のではなく「返済不可能」なのだから仕方がない、という前提が必要です。返済可能であれば、債務完済後に売却すべきという建前があるので、任意売却にいたる前に通常売却が不可能である状況を客観的な事実として確認しなければいけません。

したがって物件の所有者がどれだけ「もう返済できない」と主張しても、それだけで金融機関が「返済不能」と認めることはありません。金融機関によって基準は異なりますが、1~2カ月の滞納では足りず、一般的には3~6カ月の延滞が続いてようやく「返済不能」と認められ、任意売却が可能となります。

任意売却のデメリット

前述のように任意売却は経済的に行き詰まり、通常売却ができなくなって初めてできることです。したがって競売よりは利点が多いものの、通常売却に比べるとデメリットも存在します。任意売却を選択するときには、そのことをしっかり理解しておく必要があります。

①「個人信用情報」として履歴が残る

ローン返済の延滞や代位弁済が行われた時点で、これらの情報が「個人信用情報」の履歴として記録されますので、これを回避したいなら、代位弁済やローンの返済の延滞をしないことですが、それが無理だから次善の手段として任意売却を講じているわけで、これは任意売却だからこそのデメリットではありません。

ちなみに「個人信用情報」は日本では主にクレジットカード会社やリース会社、消費者金融、携帯電話会社などが加盟しているＣＩＣと銀行や信用金庫などが加盟している全国銀行個人信用情報センター、貸金業者やクレジット会社、保証会社などが加盟するＪＩＣなどによって管理されています。金融機関は複数の情報センターに加盟しているので、「携帯電話の料金を延滞すると住宅ローンが借りられない」などの事態が発生します。

住宅ローンの破綻の情報も同様で、カードが作れなくなるなど、生活上の不便が生じることがあります。ただし信用情報の履歴は5年程度で消えるとされており、その後は問題ありません。また、一部の金融機関では履歴がそもそも残らないこともあります。

②保証人に影響が出る

任意売却は「債務者がローンの返済不能状態になった」と認定されて初めて実行できるものです。したがって金融機関は返済不能になった債務の返済を保証人に対して求めることになります。自己破産した場合は必ず請求されます。

ただし、債権者となる金融機関によっては任意売却後の残債について、債務者が一定の支払いを続ける限り、自己破産していない場合は保証人に返済を請求しないところもあります。

③任意売却は必ずしも成立しない

任意売却が成立するためには多くの関係者の協力や同意が必要です。たとえば物件が夫婦や親など複数の人の共有となっている場合には、所有者全員の同意が欠かせません。また、丸太さんの例で紹介したように、金融機関の承諾は不可欠です。丸太さんの場合も金融機関が3000万円という売却価格に対して「低すぎる」と反対すれば、Aさんによる買い取りは成立せず、丸太さんの奥さんがそのまま住み続けることは不可能でした。

もし市場価格相当の3500万円で売却していれば、買い手にはほとんどメリットがないため、丸太さんの奥さんが破格の家賃で住み続けられるよう配慮する理由がなくなってしまいます。

物件を3500万円で購入した買い手が、標準的な10%の表面利回りを確保しようとすれば、家賃は29万円という大きな額にふくらむので、丸太さんの奥さんは住み続けられなかったはずです。

残債と同額程度の売却なら通常売却のほうが負担が大きくなることも

任意売却と通常売却を比べた場合、前述のようにデメリットは任意売却のほうが多めです。ただし残債の金額によっては通常売却のほうが金銭的に不利になることもあります。たとえば残債が2000万円ある状態で物件を2000万円で売却すると、プラスマイナスゼロに見えますが、実際には諸費用の分、現金を用意する必要があります。通常売却となるため、売却時に要する諸費用を売り主が負担しなければならないのです。

ところがこの物件を1800万円で任意売却すると、売り主には手出しが発生しません。任意売却の場合、諸費用は売却代金に含まれる上、生活準備金を受け取れるので、実質的な現金収支はプラスになることもあります。

200万円の債務は残りますが、任意売却後の残債は事実上「支払える範囲で支払う」という扱いになるため、生活再建の環境を整えやすくすることができます。

複数の抵当権者がいる場合の交渉

抵当権者が複数いる場合、抵当権設定登記を行った順に、抵当権の順位が決まります。丸太さんは3つの金融機関から融資を受けていたため、抵当権も1番から3番まで複数設定されていました。任意売却を成立させるためにはすべての金融機関の承諾が必要になります。

通常、金融機関は任意売却にも慣れており、業界の慣習を理解しているので、大きなトラブルが起きることはほとんどありません。慣習どおりの条件で任意売却に応じ、売却代金の分配についても、常識的に対応します。

抵当権者は番号が若い順から優先的に返済を受けることができます。丸太さんの場合は抵当権者が3社とも金融機関でした。3000万円の売却では、残債2500万円あまりの一番抵当権者は完済されましたが、二番抵当権者は100万円程度、三番抵当権者は400万円全額が返済されず残ることとなりました。

この場合、通常は三番抵当権者に対して20万円程度の「解除料」が支払われます。契約どおりであれば、一銭も受け取れない三番抵当権者はそれで納得して抵当権を解除するのが慣例ですが、丸太さんのケースでは解除に合意しなかったため、さらなる交渉が必要となりました。

最後まで抵抗して競売になれば、三番抵当権者に支払われる配当は0円です。三番抵当権者もそれを理解しながら「ゴネて見せた」のであり、数多くの交渉を手がけていると、この程度の出来事はスムーズに対応できるようになります。

粘り強く交渉し、買い主からほんの少し「抵当権解除に対するお礼」を提供してもらうことで、三番抵当権者も抵当権の解除に応じ、任意売却を進めることができました。

関係者に役所が交じっている場合は要注意

丸太さんのケースとは異なり、抵当権者の中に金融機関以外の人や組織が交じっている場合には、話がひどくこじれてしまうことが少なくありません。「全額返済されないなら任意売却を認めない！」などと主張し、反対する抵当権者がいると、結局競売をするしかなくなり、関係者全員が経済的な損失を被ります。

足並みをそろえて任意売却を成功させれば、関係者全員の利益も大きくなるのですが、そういう考えを頭から無視する人がいるのです。その代表格が市役所など行政機関です。ローン破綻する人の中には、住民税や固定資産税・都市計画税などを滞納している人が少なくありません。滞納が続くと役所は不動産の差押えを行います。

解除してもらわないと任意売却ができないのですが、「全額納税しないと差押えを解除しない」と主張する担当者としばしば出会います。納税は国民の義務であり、滞納した場合に財産を差押えるのは国が持つ権限の範囲内ですが、国税徴収法の第48条には「無益な差押え」を禁止する条項が設けられています。

残債が巨額にのぼるケースでは、差押えを解除せず、任意売却ができないため競売にいたったとしても、先に抵当権を設定した債権者が優先的に配当を受け取るため、滞納された税金の回収は期待できません。完全に「無益な差押え」に該当しますが、任意売却に非協力的な役所は「最終的に競売をしてみないと、滞納分を回収できないとは確認できない」などと主張することがあります。

税金の滞納が想定外の障壁となるケースがあるので、任意売却を予定する場合には、納税について意識しておく必要があります。支払えない事情を説明し、1000円でも2000円でも支払おうとする姿勢を見せることが重要です。

住み続けるための任意売却

任意売却の最大のメリットといえるのが「住み続けられる可能性がある」ことです。資金を持つ第三者に住まいを購入してもらい、購入者と賃貸借契約を結ぶことで、債務者は今までどおり住み慣れた家で暮らせるという仕組みを使うのです。

所有者は変わるものの、暮らしぶりはそれまでと変わらないので、ローン破綻した事実を近所の人に知られることもありません。子どもがいる場合には、転校するなどの負担をかけずにすむのも大きな利点です。

購入候補にあげられるのは、親兄弟などの親族や友人、あるいは家賃収入を目的として投資してくれる投資家です。財産に余裕のある親兄弟や友人が見当たらないケースも多いため、私が扱ってきた事例では投資家が買い手となることが大半でした。

投資家の目的はあくまで利益なので、一般的な不動産投資と同等の「表面利回り」が求められます。表面利回りとは投資額に対する年間家賃の額のことを指します。たとえば月額家賃8万円の物件を1200万円で購入したら、表面利回りは8％です。同じく1200万円の物件でも、家賃が12万円なら表面利回りは12％になります。

一般的な不動産投資と比べ、任意売却物件への投資は表面利回り的にはそれほど大きな差はありません。しかしながら任意売却物件には、それ以外の面で投資家にとって大きなメリットが二つあります。一つはリフォームが不要だということです。中古の投資用不動産を購入した投資家は通常、入居者を募るためにクロスを張り替えたり、水廻りの設備を入れ替えたりといったリフォームを行います。物件が古ければかなり大きなコストを要しますが、任意売却物件の場合には不要です。もともと居住していた人がそのまま住み続けることになるので、リフォームをかけてきれいにする必要がないのです。

もう一つのメリットは空室の心配が小さいことです。賃貸物件を経営する投資家にとって、もっとも大きなリスクは空室がなかなか埋まらないことですが、任意売却物件にはそのリスクがほとんどありません。購入時から入居者がいる上、任意売却を選択する債務者はもともとその家にずっと住み続けるつもりでいた人なので、長期的に住んでくれるものと期待できます。

唯一の不安は家賃の滞納です。入居者には住宅ローンを滞納した経歴があるため、その点については一定のリスクがありますが、家賃保証会社を利用することで回避できます。

不動産投資を手がける人や会社にとって非常に魅力の大きい投資先なので、物件を紹介してほしいという投資家はたくさんいます。私の会社でも数多くの投資家に登録してもらっており、「住み続けたい」という希望を持つ任意売却の依頼があった場合には、積極的に紹介しています。

経済的な利害関係が合わず「住み続けられない」ケースもある

前項で紹介した「住み続けるための任意売却」はかなり高い確率で成立しますが、常に実現できるわけではありません。中には任意売却を手がける事業者には「絶対成功する」などと言い切るものもいますが、ほとんど不可能なケースが中には必ずあるのです。

その場合、もっとも大きな障壁となるのは表面利回りです。

一般的に不動産投資で標準とされる表面利回りは8~12%です。したがってそれより極端に利回りが低くなるような条件では購入してくれる投資家を見つけることは困難です。たとえば2000万円の値段がついた場合を例に考えてみましょう。

住み続けることを希望している債務者が家賃を月5万円しか支払えないとしたら、利回りは3%になります。5万円の家賃で表面利回りが8%以上になるためには、物件価格を750万円以下に抑えねばなりません。

投資家は投資額が低くなるので喜びますが、債権者にとっては売却価格の値引きは回収できる額の減少を意味します。任意売却の手続きを行うためには債権者の同意が必須です。

妥当な売却価格が２０００万円と査定されている物件を７５０万円以下で売ることに同意する債権者はほとんどいません。競売でも市場価格の６～７割で売却できるのが普通なので、債務者への賃貸しを予定する投資家ではなく、他の買い主を探せというでしょう。

つまり任意売却で住み続けられるケースは少なくありませんが、経済的な原理からどうしても不可能な場合もあるのです。

誠意のある任意売却専門家はそのことを包み隠さず伝えます。しかしながらいい加減な業者の中には絶対に不可能だとわかっていながら、「任意売却なら住み続けられますよ」と安易に言い切るものもいます。

「大丈夫です」「住み続けることは十分可能です」という専門家の言葉については、事実確認をすることが大切です。市場価格と自身が払える家賃をもとに表面利回りを計算してみるだけで、住み続けるための任意売却が可能かおおよそのことが見えてきます。

親子間売買で住み続ける可能性を探る

住み続けることを希望する債務者の中には「親子間売買」を成立させてほしいと望む人

もいます。

親子間は利害が衝突することがもっとも少なく、一見すると望ましい方法のように思えます。投資家とは異なり、家賃の額を気にする必要もありません。

ところが「親子間売買」には金融機関の協力を得にくいという難点があるのです。この場合の金融機関とは抵当権を持つ債権者ではなく、購入を希望する親、あるいは子どもから資金融資の打診を受ける銀行や信用金庫などを指します。

金融機関が親子間売買への融資に難色を示すのは資金の使い道について確認しにくいためです。住宅ローンは国のサポートもあり、融資商品の中でも金利が極端に低く設定されています。事業用ローンの1／5以下というケースも多いため、住宅購入名目でお金を借りることができれば、融資を受ける側にとってはたいへん有利です。

そのため、住宅の売買では「物件価格を高めに設定して、融資を余分に引き出す」などの不正が行われることも考えられます。余らせた分を事業資金に使うなど、利用方法に問題が生じるケースは少なくありません。利害が一致しやすい親子間の住宅売買では、そういったことが起こりがちなので、金融機関はどうしても消極的な姿勢を示すのです。

もちろん100％自己資金で親や子どもの所有する物件を買い取れるのであれば問題ありません。ただし、そこまでの資産を持つ人は少ないため、多くの場合は金融機関からの借入ができなければ、親子間売買は成立しません。

したがって少しでも金融機関が融資しやすいよう、購入者は収入が多く社会的信用度の高い仕事に就いている、いわゆる高属性であることや一定以上の自己資金をしっかり用意することなどが重要です。

【CASE2】離婚を機に返済不能に陥った竹屋さん

《竹屋さん（50歳・男性）》

職業：中古車販売会社勤務

年収：350万円

備考：自動車整備士としてバリバリ働いていたが、脳梗塞を患い左半身不随となったため、身体的負担の少ない事務職に配置転換された。慣れない仕事に本人はやる気を失い、収入も低下。

小学4年生の娘は軽度の障害を抱えており、「家族を守りたい」という気持ちは人一倍強かったが、それだけに身体がままならないことにいら立ち、妻に辛く当たることが増えてしまった。

最終的には離婚することとなり、養育費の負担などから経済的に破綻。住宅ローンを支払えなくなり、金融機関から競売を申し立てられたため、相談に訪れた。

《竹屋さんの元妻（38歳・女性）》

職業：主婦

備考：社内結婚で竹屋さんと結ばれ、娘をもうけた。病気で収入が減った竹屋さんを支えるためパートに出たが、竹屋さんから投げかけられた「お前は楽でいい」という言葉に嫌気が差し、離婚を決意した。

離婚成立後は娘と2人暮らし。竹屋さんからは毎月5万円の養育費を受け取っている。

《物件とローンの詳細》

住宅のタイプ：新築一戸建て
購入価額：3500万円
うち住宅ローン：2500万円
ローンの詳細：返済期間35年・金利1・0％（元利均等）
毎月の返済額：7万571円
任意売却時の残債：2300万円
備考：三階建てだが建坪率が地域の規制を超えており、違法建築となっている。

竹屋さん一家が価額3500万円の新築一戸建ての住まいを購入したのは破綻にいたる8年前のことです。頭金1000万円を入れ、住宅ローンを利用して2500万円を借り入れることで購入資金を賄いました。

当時、自動車整備士として会社で高く評価されていた竹屋さんの年収は600万円程度あったため、月額7万円の支払いは特にリスクを感じない余裕のあるものでした。ところがそんな竹屋さんを突然の病魔が襲います。脳梗塞を発症し、左半身不随になってしまったのです。

幸い、リハビリで日常生活に不自由がない程度には回復しましたが、細かな手作業が必要な自動車修理の仕事は以前のようにはできません。そこで竹屋さんが働き続けられるよう、会社側は彼を事務職に配置転換しました。

ところが修理の仕事しか知らない竹屋さんは新しく与えられた業務をうまくこなすことができません。失敗しては自分よりはるかに若い同僚にバカにされるという日々が続く中、だんだん気持ちが荒むようになりました。

配置転換に伴い、収入も大幅に減少しました。月収は22万円程度に落ち込んでしまい、生活費やローンの支払いを賄うため、それまで専業主婦として家で娘の面倒を見てきた奥さんも働かざるを得なくなったのです。

当時の竹屋さんに家族の気持ちを思いやる余裕はなく、会社でのストレスを家で爆発させることが増えていきました。結局、ある日つい発した「お前は楽でいいな」という言葉がきっかけとなり、奥さんから三行半《みくだりはん》を突きつけられて離婚することとなりました。

個人再生を提案してみたが、竹屋さんは任意売却を希望

竹屋さんがローン返済に行き詰まった原因は離婚にありました。収入が減る中、養育費を支払うのは大きな負担です。さらに子煩悩な竹屋さんは娘に会えない寂しさから、生活を律する気持ちを失い、パチンコや競馬、飲酒などで散財するようになりました。

ただでさえ経済的に厳しいうえに、無駄な出費がかさめば家計は成り立ちません。竹屋さんはカードローンなどを重ね、その返済に追われるようになったのです。その結果、住宅ローンの滞納が続き、金融機関からは競売申立の通知が送付されてきました。

私が相談を受けた当時、竹屋さんは自分がどこからいくら借りているのか、まったく把握できていませんでした。負債額を訊ねた私に「住宅ローン以外の借金は300万円程度」と回答しましたが、調べてみると約500万円の借金を背負っていることが判明したのです。

500万円程度であれば、住宅を売却する必要のない個人再生で100万円ほどに圧縮

できます。詳しくは後述しますが、裁判所に申し立てを行えば、債務を1／5に減らすことができるのです。消費者金融などに対する債務が1／5になれば、月額22万円の収入でも7万円の住宅ローンの支払いは難しくありません。

私が相談を受けた時点でも、まだ任意売却を選択しなくてもよい状況でした。保証会社による代位弁済がなされておらず、交渉によっては家を失わずに暮らしていくことが十分に可能だったのです。

ところが竹屋さんの希望は任意売却をしたいというものでした。ローンを支払えなくなったのを機に、住まいを売却して気持ちの面でも区切りをつけたいという思いが強かったのです。

任意売却の目的はあくまで生活再建

私が任意売却を手がけるのは債務の圧縮が目的ではありません。あくまで依頼主の生活再建が真の目的であり、債務の圧縮はその過程に過ぎないのです。

竹屋さんの場合には任意売却で家を失う必要はありませんでした。竹屋さんの住まいには建坪率が現在の建築基準法に抵触するという問題があったため、売却してもかなりの安値になってしまい大きな債務が残るので、経済的には不利益の大きい選択だったのです。にもかかわらず竹屋さんが任意売却を希望したのは、生活を立て直すために必要と判断したためでした。

家族で暮らしていた一戸建て住宅に1人で住む竹屋さんの気持ちは後悔と未練にとらわれており、将来を前向きに考えることができなくなっていました。特に娘に対する思いが強く、長女が使っていた二階の部屋は母と娘が出て行ったその日のまま、まったく手つかずの状態でした。掃除もせず、娘が遊びかけていたままオモチャが放置されていたのです。

「辛すぎて、二階に上がれないんです」。竹屋さんはそう語りました。

家のあちこちに娘との思い出が残っており、それを消すのが寂しいので、掃除することもできないとのことでした。竹屋さんにとって任意売却は経済的に立ち直るのと同時に、気持ちの面でも踏ん切りをつけ、その後の人生を前向きに生きるために必要なことだったのです。

物件を売りに出してみたところ、1580万円で買い手がつきました。相場価格は18

00万円程度だったので、建坪率に違反がある分、差し引かれましたが、妥当な額として金融機関からも承諾を得ることができました。

売却後は次のステップとして、裁判所に自己破産を申請しました。任意売却により返済しきれなかった住宅ローンの残債とクレジットカードの債務について、自己破産することで返済を免除してもらうことができました。

意図したとおり、経済面の問題と気持ちの問題をクリアして、竹屋さんは新たなスタートを切ることができたのです。

生活再建に役立つ生活準備金

住み慣れた家を離れて新たに生活を始めるためには、一定の資金が必要です。アパートやマンションを借りるためには敷金・礼金などが要りますし、家財道具を運ぶ引っ越し費用、カーテンなど最低限の生活用品をそろえるためのお金も必要です。

任意売却ではそういった債務者が必要とするお金を「生活準備金」という名目で購入者に用意してもらうことが可能です。交渉次第ですが、売却代金に含めて別途現金で購入者から受け取ることもできなくはありません。ただ、このお金はあくまでも生活費として受け取るものです。

金額は一般に50万～100万円程度です。預貯金などが債務の返済に充てられる中、手元に現金が入ることには大きな意味があります。任意売却完了後、自己破産する場合もこのお金は徴収されません。生活を再建する資金として使うことが可能です。

生活準備金の有無は、住宅ローン破綻を乗り越えて再度、健全な暮らしを営むことができるかどうかの分かれ目といえます。

借金がいくらあるかわからないときは個人信用情報の開示を求める

竹屋さんのように負債がかさみ、あちこちから借金を重ねると、債務者自身も自分がいくら借り、いくら返したのかわからなくなってきます。

任意売却を含め、債務整理では、まず初めに負債額の特定が必要です。自身の負債がわからないときには、個人信用情報を管理している機関に開示を求めることで、把握できます。

本人であればインターネットで確認することもできるので、カードローンなどを複数利用している人は債務を整理するための第一段階として自身の負債を確認してください。私のような任意整理の専門家や弁護士、司法書士などの場合は、委任された代理人という立場で郵送、もしくは窓口を利用して依頼者の負債を確認することができます。

銀行などの金融機関や消費者金融、カードローンなどの利用情報は個人信用情報として網羅されています。ただし個人や闇金業者からの借金については個人信用情報に記載されていないため、注意が必要です。

【CASE3】離婚が原因で返済不能になり、連帯債務者の元妻も負債を背負うことに

《夷川《えびすがわ》さん（36歳・男性）》
職業：美容師
年収：４００万円

備考：職場結婚した妻と暮らしていたが、自身の浮気が原因で離婚。職場を移り収入が減る中、養育費などの負担が重く、ローン破綻にいたった。

《東川さんの元妻（38歳・女性）》

職業：美容師
年収：４００万円
備考：父親の死後、独居することになった母親を心配して、母親宅の近所にマンションを購入した。その後、夫の浮気が発覚し離婚にいたったが、連帯債務者になっていたため、元夫のローン破綻後、債務を背負うことに。

《物件とローンの詳細》

住宅のタイプ：中古マンション
購入価額：３２００万円
うち住宅ローン：２８００万円（金利１・０％　返済期間30年）

毎月の返済額：9万円
備考：夷川さんだけの収入ではローンを組めなかったため、夫婦の共同名義を選択。妻を連帯債務者とすることで、ローンを組むことができた。

賃貸住宅に住んでいた夷川さん夫婦が新居の購入を検討するようになったのは、妻の父親の死がきっかけでした。独居するようになった妻の母親を心配した夫婦は、近居できる住まいを探す中で、家賃よりも小さな負担で家を購入できることに気づいたのです。

そこで中古のマンションを探したところ、気に入った物件が見つかったため、ローンを組んで購入することにしました。物件価格は3200万円でしたが、妻の父親から相続したお金を頭金として400万円を支払ったので、銀行からの借入は2800万円におさまりました。返済期間30年のローンとしたので、月額の支払いは9万円となりました。

当時居住していた賃貸住宅の家賃は12万円もしていたので、住居費の負担を抑えて、きれいで広い家に住めるようになったと夫婦とも大喜びでした。

ただローンを組むにあたって、夷川さんだけの収入では審査を通しにくいということだったので、住まいを共有名義にし、ローンについては美容師として働く妻も連帯債務者になりました。「夫婦で住むのだから問題ない」と考えたのです。

ところが新居で暮らすようになって間もなく、夷川さんは知り合った女性と浮気をするようになりました。

「妻の母親がひんぱんに訪れる家では落ち着くことができず、疎外感を持つようになったせいかもしれません」。当時を振り返って夷川さんはそう語りました。

浮気の事実はすぐに妻の知るところとなり、激怒した彼女は一人娘を連れて家を出て行きました。夷川さんは深く悔やみ、何度も謝罪しましたが、結局夫を受け入れられないという妻の気持ちは変わらず、離婚することになりました。

美容師として妻と同じ店で働いていた夷川さんは離婚後、職場を去り、新たに配送の仕事に就きました。資格を活かして働いていたころとは異なり、収入は大きく減少しました。手取りは18万円程度に減ってしまい、その中から養育費や慰謝料、住宅ローンを支払うと、5万円程度しか残りません。到底生活が成り立たず、夷川さんはローンを滞納するようになってしまいました。

ローン破綻で元妻にも返済の請求が

滞納が3カ月を過ぎると、金融機関からは代位弁済や一括弁済請求の通知が届くようになります。夷川さんがあわてて銀行に確認をとったところ、「一括弁済できないのなら競売になる」というのが担当者の返答でした。

さらには別れた元妻にも請求が回るといわれ、初めてことの重大性に気づいた夷川さんは私の事務所にやってきました。

「なんとか妻に迷惑がかかることだけは防ぎたいんです」

夷川さんがもっとも気にかけたのは娘と2人で暮らす元妻の生活でした。

けれども連帯債務者になっている以上、元妻に請求が回るのは避けられません。債務をできるだけ圧縮するため、早急に自宅を任意売却するのが最良の解決策です。

私はそうアドバイスしました。ただし自宅を売却するためには連帯債務者である元妻の同意が必要です。夷川さんから依頼を受けて私は彼の元妻とも面談し、事情を伝えました。

当初、彼女は破綻したローンの返済義務が自分にあるということが信じられないようでした。

「銀行にも確認させてください」というので、金融機関の担当者から正確な事情説明を受けるようすすめました。

「離婚したのに、請求されるのはおかしいでしょう」

彼女はそう銀行の担当者を問い詰めました。

銀行側の答えは「離婚は夫婦間の都合であり、債務とは一切関係ありません。連帯債務が離婚によって解消されることはありません」というものでした。

任意売却後の残債は元夫婦で負担することに

このケースではもちろん銀行側の言い分に理があります。銀行は返済の確実性を増すために夷川さんの元妻を連帯債務者に設定し、お互い合意の上で契約を結んだのです。夫婦の都合で外すことが認められたら、連帯債務は何の保証にもなりません。

最終的には夷川さんの元妻もそのことを理解し、納得しました。その上で、債務を最小限にするための任意売却に同意してもらえたため、私はすぐ銀行との交渉に入りました。

銀行側も競売申立の前に債務者が任意売却の意向を示したことを好感し、猶予期間を認めてくれました。銀行が競売申立を待ってくれたので、私としても余裕を持って販売活動に当たることができたのです。

その結果、マンションは2500万円で売却でき、元夫婦が背負う残債は200万円あまりに軽減されました。

ただしそれでもなお、夷川さん本人は自己破産を申請することになりました。離婚後は生活を維持するため消費者金融などから借金を重ねており、返済の目処が立たなかったためです。

一方、彼の元妻は月々1万円という少額ながら、返済を続けることを選びました。

「恥ずかしながら、離婚後は連帯債務者であることを完全に忘れていました。ローンを組んで家を購入することを安易に考えていた自分にも、今回の破綻について責任があると思っています」

決済終了後、彼女はそう語ってくれました。家を購入したほうが賃貸より安くすむのでお得、というのはものごとの表面しか見ない評価です。そのお得感の裏側には住宅ローンの支払いを継続しなければいけないというリスクが隠れていることを忘れてはなりません。

共有名義は変えられるが、連帯債務は外せない

共働きの夫婦では2人の収入を合わせて住宅ローンを組むことから、購入した住まいを共有名義とし、ローンも連帯債務とするケースがよく見られます。末長く仲良く暮らせるのであれば問題ないのですが、離婚する場合には大きなリスクを抱えることとなります。

離婚に際して、「他人になるので共有名義も連帯債務も解消したい」と考える人は少なくありません。たしかにそれができれば連帯債務から外れた人のリスクは解消しますが、実現するのは非常に困難です。

共有名義と連帯債務については分けて考える必要があります。名義の登記を変更するのはあくまで法律上は自由です。連帯債務については、連帯債務者が減ると債権回収のリスクが高まるため、契約の解除には応じてくれません。一度連帯債務者になると、基本的にはローンを完済するまでは、外れられないことをしっかり認識しておく必要があります。

離婚に伴って任意売却をすることで関係を清算する

日本では近年、3組に1組の夫婦が離婚する時代となっており、夷川さんのようなケースが急増しています。私のところにやってくる相談者の約3割は離婚を原因とする任意売却の依頼です。

離婚を決意する年齢層でもっとも多いのは30～40代です。マイホームの購入層は大半が30代以上なので、家を買って10年もたたないうちに離婚する夫婦が多いということになります。

住まいを購入して10年程度では、ローン残債はほとんど減っていません。一方、新築の住まいは誰かが住んだ瞬間に中古住宅となるため、購入直後から大きく価値が下落します。そのため離婚が多い年代では、大半が残債が住まいの価値を上回るオーバーローン状態なのです。

家族で暮らすことを前提に購入した住まいですから、離婚するのであれば、保有していても仕方がありません。売却してやり直すことが夫・妻双方にとって望ましい場合が多いのですが、オーバーローンの状態では売りたくても売ることができません。
そのため通常は二つの選択肢のいずれかを選ぶことになります。

①残債を支払い、抵当権を外してもらって物件を通常売却する
②ローンを支払い続ける

よほどの資産がある人以外、①を選択することはできません。したがってほとんどの場合、夫婦のいずれかが単独でローンを支払い続けることになるのですが、夷川さんのように夫婦の収入ありきでローンを組んでいた場合には、経済的に非常に厳しい状態に陥ります。しばらくは生活を切り詰め、貯金を切り崩したり、親兄弟などから借金を重ねたりしてしのげるかもしれませんが、いずれは破綻してしまうケースが多いのです。

経済的な問題だけでなく、心理的な問題を解決する意味でも、「金融機関と交渉を行い、任意売却で自宅を手放す」という第三の選択肢を早めに検討することが、もっとも賢明な婚姻関係の締めくくり方だと思われます。

離婚後に生じる問題を予防するために公正証書を作成しておく

夷川さんの元妻は連帯債務についてすっかり忘れていたため、思わぬ債務を背負うことになってしまいましたが、そもそもこの問題を予防するのは非常に困難です。連帯債務は銀行と個人との契約であり、夫婦関係が破綻しても継続されます。銀行と契約を解除する方法はありません。

したがってこの問題を予防するためには、離婚する際、夫である夷川さんと「ローン返済不能になった場合はどうするのか」ということについて、取り決めを行っておく必要があります。

「ローン返済不能に陥った場合には親（あるいは兄弟姉妹）に支払ってもらう」などの対応を決め、夫の親族に保証人になってもらうのです。さらにはその取り決めを公正証書として残しておけば、しっかりとした拘束力が生まれ、万一夫がローン返済に行き詰まった場合にも、妻に返済の負担が及ぶのを防ぐことができます。

公正証書は公証人に依頼して作成する文書で、法的拘束力が強い上、公証人役場で保管してもらえるため紛失のリスクがありません。

【CASE4】不動産の保有者が認知症だったため成年後見人を立てて任意売却

《押小路《おしこうじ》さん（45歳・男性）》

職業：飲食店経営・配送業配達員

年収：320万円

備考：飲食店を開業するため、父親名義の自宅を担保に700万円を借り入れたが、返済不能になり金融機関から競売申立の通知が届いた。

《物件とローンの詳細》

住宅のタイプ：一戸建て（築30年）

借入：700万円（金利8・1％）

毎月の返済額：8・5万円

備考：物件を購入したのは押小路さんの父親。その後、押小路さんが譲り受けて家族と居住していたが、名義は父親のまま。借金返済のため任意売却をすることとなったが、所有権を持つ父親が認知症のため法律行為ができない。

押小路さんが自宅を担保に700万円を借りたのは2012年のことでした。もともと飲食店で働いていた押小路さんは、そのお金を資金として念願だった自分のお店を開いたのです。

ところが経営は当初からうまくいかず、想定していたほどの収益をあげることができません。借金の返済が滞りがちになり、借入先の金融機関から自宅を競売にかける旨の連絡があったため、あわてて私の事務所を訪れたのは押小路さんの奥さんでした。

「うちの家は仕方がないにしても、お義母さんの家までなくなってしまわないか心配でなりません」

押小路さんは700万円を借りる際、母親が住むマンションも物上保証として担保に入れていたのです。

父親は認知症で法律行為ができない状態

事情を聞いて私がすすめたのは押小路さんが住む家の任意売却でした。競売になる前に売却し、できる限り債務を減らしてから金融機関と交渉すれば、母親の住まいまで競売の対象となることは避けられる可能性が高かったためです。

さらに押小路さんの奥さんに要望を聞くと、子どもの学校があるので、できれば今の家に住み続けたいといいます。競売になれば住み続けることは不可能です。競売を避けて今の家に住み続けるには、押小路さん一家と賃貸借契約を結んでくれるような投資家に家を買ってもらうしかありません。

ところがここで大きな問題が発覚しました。押小路さん宅の持ち主である押小路さんのお父さんは重度の認知症を患っていたのです。意思能力がないため、不動産の売却に伴う契約などの法律行為ができません。

そこで契約を代行できる成年後見人を立てることにしました。

開札まで4カ月、ぎりぎりのスケジュール

成年後見人を立てることができれば、押小路さんが住む家を任意売却することができますが、その計画にも大きなリスクがありました。押小路さん宅の競売が申し立てられたのはその年の2月下旬。通常、競売の申し立てから最終的に落札者が決まる開札まで、約4カ月しかありません。2月の下旬に競売申立がなされたのなら、タイムリミットは6月の終わりごろということになります。

それまでに成年後見人の手続きをすませ、金融機関と交渉し、買い手を見つけて契約を結ばなければタイムオーバーです。特に成年後見人の選任には時間がかかり、それだけでも一般的には2～3カ月を要します。

普通なら「無理」と判断するのが妥当なケースですが、私は「できる」と考え、引き受けることにしました。

そのためにはとにかく最短期間で成年後見人を立てねばなりません。通常、家庭裁判所に申し立てを行う際には候補者をあげます。押小路さんの親族と話し合った結果、母親と

姉が候補者になってくれることが決まりました。

大急ぎで必要書類をそろえて申し立てを行った結果、1週間という異例の早さで家庭裁判所の認定を得ることができました。これは私の会社が司法書士である妻と二人三脚で業務に当たっているからこそできたことです。

成年後見人の申し立てに慣れているので、先回りして資料や書類を用意することにより、無駄な待ち時間を最小限に抑えることができるのです。たとえば、私たちが仕事をしている京都では、京都家庭裁判所が成年後見人の選任を行う唯一の機関です。そのため常に混み合っており、選任に欠かせない書記官の面談も、申し込みから1~2週間待たされることがほとんどです。

そこで私は任意売却が決まると同時に書記官の予約をとり、面談までの間に必要書類をすべてそろえました。書類に不備があるとまた1週間待ちなので、この時点ですべての書類を不足なく用意するのが成年後見人を短時間で立てる秘訣です。

押小路さんのケースは私が予定したとおり、母親と姉が成年後見人に選任されましたが、なにか問題を指摘された場合には、司法書士である私の妻を推薦するつもりでした。

開札1日前に任意売却の契約成立

結論からいうと、押小路さんの任意売却はぎりぎりで間に合いました。6月30日が競売の結果を公表し、落札者が決まる開札日でしたが、その1日前の6月29日に売買契約の締結と代金の振り込みが完了し、競売の取り下げがなされたのです。

当初は余裕のある行程表を作っていましたが、1日前に滑り込みで契約完了となったのは金融機関の担当者が売却価格に難色を示したためです。

買い手になってくれたのは私が普段からお付き合いをしている投資家でした。押小路さんのケースを相談し、住み続けたいと希望していることを伝えたところ、購入を快諾してもらえたのです。物件の価格は市場調査の結果などを参考に査定を行い、580万円と定めました。ところが、それでは安すぎるとして債権者である信用金庫が反対したのです。

トラブルが起きた原因は主に、信用金庫が任意売却に不慣れなことにありました。任意売却の経験がもっとも多いのは保証会社です。任意売却は代位弁済後に行われることが多いため、その時点で債務者とやりとりをする保証会社は任意売却について豊富な経験を持っており、物件に関しても「相場観」を有しています。

また金融機関の中でも都市銀行は扱う事例が多いため、やはり任意売却の交渉で理に合わない対応をするケースは少なめです。ところが信用金庫は任意売却における交渉の経験が少なく、不動産の相場観もあまりしっかりとは持っていない担当者が多いので、売却価格などの条件について、より詳細な説明を要することがあります。

押小路さんのケースも査定書をもとに説明を重ねて、ようやく納得されましたが、想定していた行程より大幅に遅れてしまいました。

足を引っ張るリスクがあった健康保険料の滞納

タイムリミットを見据えながら任意売却を進める中で、意外な落とし穴になりかけたのが健康保険料の滞納でした。押小路さんは3年以上も健康保険料を支払っておらず、滞納額は130万円にのぼりました。役所からは督促の通知が届いていましたが、信用金庫への返済を優先するため、無視していたのです。

固定資産税などの税金とは違い、健康保険料の場合には延滞したからといって即差押えを打たれることはありません。ただし督促を無視し続けていると、それを理由に財産を差押えられてしまうことがあります。

差押えを解除するには滞納している健康保険料の全額納付が必要です。押小路さんには支払いに充てられる資金がなく時間の余裕もないので、差押えによって任意売却の計画が崩れてしまうことが考えられました。

「役所に足を運んで、滞納している健康保険料は分割で納付すると約束してきてください」。私は押小路さんにそうアドバイスしました。支払う姿勢を見せるだけで差押えは回避できるので、なにはともあれ督促を無視しないことがもっとも大切なのです。

成年後見人の仕事は財産管理と身上監護

社会全体の高齢化に伴い、認知症を抱える人が急増しています。認知症はアルツハイマー病などにより脳の機能が衰え、記憶力や判断能力に障害が現れた状態です。東京都福祉保健局が2013年に行った調査によると、都内に在住する高齢者（65歳以上）のうち何らかの認知症状を示す人は13・7％にのぼっています。高齢者の7人に1人以上が認知症を抱えていることになり、最近では任意売却を行う際に大きな妨げになるケースがしばしば見られます。

認知症になると記憶力や時間・場所等の見当識が損なわれるほか、ものごとを論理的に考える能力も衰えてしまいます。症状の程度にもよりますが、自身にとってのメリット・デメリットなどを把握して判断を下すことが難しい場合には、不動産の売却について正しく理解して判断する能力——意思能力がないものと見なされます。

意思能力がない人は契約などの法律行為ができないため、自身が所有する不動産の任意売却も不可能です。押小路さんのケースは典型的な例ですが、そのような場合には本人に代わってさまざまな手続きなどを行うために成年後見人を立てることが必要となります。

成年後見人とは、何らかの障害により判断能力が不十分な状態となっている人が不利益を被らないよう支援する役割を担う人のことです。成年後見人を立てるときには家庭裁判所に申し立てを行う必要があります。申し立てを行えるのは本人の他、配偶者や四親等以内の親族、市町村長などに限られます。

申し立てを受けて家庭裁判所が審査を行い、申立時に候補者があげられている場合には、その人が適格であるかどうかを判断します。成年後見人には「欠格事由（成年後見人になれない条件）」がもうけられていますが、その条件にあたらない人なら誰でも候補になることができます。

【欠格事由】

①未成年者
②成年後見人等を解任された人
③破産者
④本人に対して裁判を起こしたことがある人やその家族
⑤行方不明者

申し立てを受けた家庭裁判所が成年後見人の要・不要や、誰を選任するかの審査を行った上で認定されます。通常は家族が選任されるケースが多いのですが、最近では少子化の影響もあり家族に適切な人が見当たらないなどの理由から、弁護士や司法書士などが職業後見人として就任するケースが増えています。

成年後見人の主な仕事は財産管理と身上監護です。財産管理については預貯金の預け入れや引き出し、不動産など重要な財産の売却や購入、住まいのリフォーム、その他の契約などを代行します。身上監護としては後見を受ける人が健康に暮らせるよう生活を管理したり治療や療養、介護などの手配・手続きを行ったりします。

したがって経済的な問題を抱えていないことや後見を受ける人の近くに住んでいて、すぐに駆けつけられる状況にあることなどが成年後見人の認定に当たっては重視されます。

押小路さんのケースでは、押小路さん本人は債務の返済に行き詰まっているため、父親の成年後見人にはあまりふさわしくないと見なされる可能性がありました。そのため母親と姉を成年後見人の候補に選んだのです。

なお、成年後見人には家庭裁判所に対して定期的に活動内容を報告する義務が課されています。領収書の保管や日誌をつけるなど、細かな作業が必要となるため、ある程度労力がかかると考えておく必要があります。

任意売却の成否を分ける売却価格の設定

任意売却の成功に欠かせないのが債権者・債務者ともに納得できる売却価格の設定です。価格の設定について債権者と債務者の間には利益相反があります。債権者は少しでも多く融資を回収したいので、売却価格のつり上げを希望します。一方、債務者の場合はそうともいえない状況が生じえます。「高く売れれば残債が少なくなるのだから、債務者にとっても有利なのでは？」と思われがちですが、そうでもないのです。

物件は売却価格を低めに設定できれば、購入希望者が多数現れます。売却条件について有利な立場で交渉できるため、「住み続けたい」「生活準備金を多く支給してほしい」などの希望が通りやすくなるのです。

また、債務者が買い手と賃貸借契約を結んで住み続けることを希望している場合には、物件価格が高くなると家賃も高く設定されてしまいます。生活が成り立つ金額に家賃を抑えるためにも、物件価格はなるべく低いほうが好都合なのです。

安く売ると残債が多くなることについては心配無用です。詳しくは第４章で解説しますが、売却価格が低く残債が多額になっても、任意売却後の債務について厳しく返済を求められることはありません。また自己破産により借金を帳消しにするという方法もあるため、残債の多寡をあまり気にする必要はないのです。したがって私を含め、任意売却を依頼された専門家は、基本的には売却価格を低めに設定したいと考えます。

しかしながら低めの値段が望ましいからといって、極端な安値をつけることはできません。債権者の同意が得られなければ抵当権を外してもらえず、任意売却は頓挫してしまいます。限られた時間で任意売却を成功させるには、債権者が納得するぎりぎりの安値を読み解くことが欠かせません。

この「債権者が納得する価格」はケースごとに異なります。もともと不動産には二つと同じものがないので、妥当な価格を算出するのは簡単なことではありません。周辺で行われた取引事例や路線価、物件の状態などをもとに査定しますが、不動産鑑定士の査定であっても一定の価格差は生じます。

また、債権者が納得する価格はそういった査定額とも異なります。金融機関の担当者がつかんでいる「相場」が不動産の専門家が算定するものと同じとは限らないため、任意売却を成功させるためには彼らの「相場観」を読み解き、大きく乖離しない売却価格を示す必要があるのです。

相場観は金融機関によって異なる上、担当者によっても差異があります。そのためケースごとに読み解かねばなりません。担当者の人柄を理解し、発する言葉や表情などをヒントにOKしてくれるであろう売却価格を探るのは経験が求められる作業です。

「妥当と思える売却価格を算定できたが、金融機関に承諾してもらえず、時間切れで競売になってしまった」というケースは珍しくありません。そうなれば債務者にとって生活再建は非常に難しくなってしまいます。

売却価格の設定は任意売却を手がける専門家にとって、もっとも力量が問われる業務の一つなのです。

人ではなく「もの」で返済を保証する物上保証とは

押小路さんのケースで問題となったことの一つに物上保証がありました。母親の住んでいるマンションが押小路さんの債務について物上保証の対象となっていたのです。

一般的にお金を借りる際の保証というと連帯保証人が思い浮かびます。債務者がもし返済できなくなった場合にはその人物に代わって同等の返済義務を負うのが連帯保証人です。たとえば3000万円を借り入れた債務者が返済不能に陥ったら、連帯保証人には債務の全額を支払う義務が課されます。

これに対して物上保証は担保物件を提供することにより、債務を保証するものです。前述のケースで物上保証人が自宅を担保に提供していた場合、債務者が返済不能になれば、物上保証人は自宅を競売にかけられるだけですみます。それ以上の債務を背負うことはないので、保証の範囲は最初から限定されています。債務者が十分な担保を提供できないときに融資が受けられるよう、代わって担保を提供してくれるのが物上保証人なのです。

押小路さんのケースでは、700万円の融資に対して金融機関は本人の住む自宅に抵当権を設定するだけでなく、母親が住むマンションにも物上保証として抵当権を設定していました。母親の住むマンションは市場価格にして2500万円以上の価値があったので、そのようにすれば万が一にも債権回収に失敗することはないと考えていたのです。

【CASE5】相続放棄で所有権が宙に浮いた不動産を任意売却

《御池《おいけ》さん（55歳・女性）》

職業：小売店でパート勤務

年収：180万円

備考：10年前に夫が借金を苦に自殺。夫の借金2000万円について連帯債務者となっていたので、毎月2万円ずつ返済していた。

《御池さんの夫（享年48歳・男性）》

職業：建設会社代表

備考：建設会社を経営していたが、合計7000万円の負債を抱えて自殺した。負債のうち5000万円分は会社名義の借金だったので、会社が倒産すると同時に消滅したが、2000万円分については妻である御池さんが連帯債務者となっていた。

《物件とローンの詳細》

住宅のタイプ：新築一戸建て

毎月の返済額：２万円

任意売却時の残債：２０００万円

備考：御池さんと夫が所有権を半分ずつ保有していた。夫の死後、通常は御池さんが夫の持ち分を相続するところだが、借金の相続を避けるため相続放棄した。

御池さんはもともと夫とともに建設会社を経営していました。業界全体が斜陽化する中、会社の負債がふくらみ、代表を務めていた夫は借金を苦にして10年前に自ら命を絶ちました。当時、会社の借金は７０００万円にのぼりましたが、夫の死後、一時的に社長の座についた御池さんが弁護士を入れて会社を清算したため、そのうち５０００万円分は消滅しました。

ただし、残りの２０００万円分は御池さんが連帯債務者になっていたため、夫の死後も支払い続けねばなりません。スーパーでパートとして働きながら、御池さんは毎月２万円ずつ返済を続けていました。

しかしながら2000万円の負債の利息が14％もあったため、債務はふくらむばかりです。10年間その状態を認めてくれた金融機関も、それではらちがあかないと考えたのでしょう。御池さんのもとに、一括返済を求める通知が届いたのです。

2000万円を一括返済する資力は御池さんにはありません。財産と呼べるのは居住している住まいだけなので、自宅を売却するのが唯一の返済方法でした。そこで御池さんは自宅を売るため、あちこちの不動産会社に声をかけたのですが、どの会社も「売却は不可能」といいます。

御池さんの住まいは権利の半分が宙に浮いた状態だったため、法律に詳しくない不動産会社にとってどうやって売却を進めればいいのかわからない物件だったのです。

30年前に自宅を購入する際、御池さん夫妻は自宅の所有権を分け、それぞれが半分ずつを保有することにしました。夫が自殺した際、本来なら夫の持ち分を相続するつもりでしたが、そうすると多額の借金まで受け継ぐことになります。御池さんは相続放棄を選択したため、自宅の半分は「誰のものでもない」状態となったのです。

誰も権利を持っていない不動産をどうやって売却すればいいのか、ほとんどの不動産業者は知りません。弁護士などの法律関係者なら方法は知っているかもしれませんが、債権者と交渉しながら不動産を債務者のニーズに応じた形で適正に任意売却を成功させる調整能力は通常ありません。

どこに相談しても「売却不能」といわれた御池さんが最後にたどり着いたのが、私の事務所でした。

相続財産管理人を立てて売却を進める

相続放棄されて宙に浮いた不動産を法的に処理するためには、「相続財産管理人」を立てる必要があります。宙に浮いた不動産の処理を申請する権限は、もともと財産を所有していた人の利害関係人、もしくは検察官などが保有しています。彼らが家庭裁判所に申請し、「相続財産管理人」を設定してもらうことにより、「誰のものでもない不動産」を売却できるようになるのです。御池さんのケースでは私の妻が司法書士として「相続財産管理人」となるべく申請を行い、家庭裁判所から認定を受けることができました。

任意売却を進めるためには一定の期間が必要なので、債権者である金融機関との交渉も欠かせません。御池さんに２０００万円の負債を一括返済させるため、自宅の差押えを計画していた銀行には、手順を踏んで任意売却し、売却代金で返済する行程を私が説明しました。その結果、半年間の猶予期間がもらえたため、より御池さんの希望に添う生活再建を実現できたのです。

姉が購入してそのまま住まわせてくれることに

御池さんが一番希望していたのは夫との思い出が残る自宅に住み続けることでした。自殺した夫に対しては複雑な気持ちがあるものの、2人で購入し、幸せな記憶がたくさん詰まっている家に住み続けたいという思いには切実なものがありました。

ただし現状では収入が月額20万円に満たないため、高額の家賃を支払うことは困難です。投資家に購入してもらい、賃貸借契約を結ぶという手段がありますが、その場合家賃の相場は6万円程度となります。自宅を売却した後、残債を返済しながら毎月6万円の家賃を支払うのは、御池さんには困難でした。

そこで私が打診したのは「親族に購入してくれる人がいないか」ということでした。その結果、御池さんのお姉さんが購入者として手をあげてくれました。お姉さんにも夫や子どもなどの家族がおり、一存で決められることではありません。高額の不動産を購入しても、お姉さん一家にメリットはないので、家族の意向によってはトラブルになるケースです。

幸い、お姉さん一家は御池さんを助けることに反対せず、買い取りはスムーズに決まりました。

売却価格は周辺相場を参考に650万円としました。金融機関にとっては妥当な価格かどうかが気になるところなので、納得してもらえるよう私の会社で詳細な査定資料を作成しました。

御池さんは自宅の所有者がお姉さんに変わったものの、それまでと変わらず暮らせることになり、現在も以前とほぼ変わらない暮らしを営んでいます。

残債の返済は月額2万円で継続

自宅の売却代金が債務より少額だったため、御池さんには1000万円程度の借金が残りました。銀行との交渉で、残債についてはそれまでと同じく毎月2万円を支払うことで合意を得ることができました。

月額20万円に満たない収入でもどうにか支払っていける返済額です。

もし差押えを経て競売になっていたら、住む家を失った上に高額の債務が残ったはずです。家賃などの住居費を支払いながら、高額の返済を続けるのは御池さんには不可能です。経済的に破綻することになり、生活は非常に苦しいものになったと思われます。

現在、御池さんの暮らしが成り立っているのは、自宅をお姉さんに買ってもらい、家賃の支払いを免除してもらっているためです。ほとんどの専門家がさじを投げる難しいケースでしたが、任意売却に成功したことで、長期的に継続できる生活再建を実現できたといえます。

「相続財産管理人」とはどのような役務か？

「相続財産管理人」は相続人がいない財産やいるかどうか不明な財産を適切に処分する役務です。相続財産について利害関係のある人および検察官にはこの「相続財産管理人」を選任するよう申し立てる権利があります。利害関係のある人とは具体的には親族やお金を貸していた人などを指します。

選任の申立先は被相続人が最後に住所地としていた地域を管轄する家庭裁判所で、申し立てに際しては「この人を相続財産管理人に」などと推薦をすることができます。

申立時には「予納金」と呼ばれるお金を裁判所に納めるよう求められます。「予納金」は「相続財産管理人」に支払われる経費や手数料を賄うために徴収されるもので、通常は50万円から100万円程度となっています。一般的には手続きに要するコストは数十万円程度なので、手続き完了後に精算され、余った分は返金されます。

「相続財産管理人」の仕事は相続されなかった財産を適切に管理し、公正中立の立場で分配することです。したがって債権者がいる場合には、債権者が持つ債権に応じて相続財産を分配します。

御池さんのケースでは相続人が御池さんと息子さんだけ、債権者も一つの銀行だけだったため、手続きが簡単かつスムーズに進みました。隠し子など複雑な事情のある相続人がいたり、債権者が複数にわたったりする場合には、権利関係の特定などにたいへんな時間と手間がかかります。

そのため財産の処理が完了するまでには1年程度かかるのが一般的です。

意外に多い「不動産取引」×「法律」の知識と経験が求められるケース

私の事務所を訪れるまでに御池さんは複数の不動産会社や法律事務所に相談を持ちかけたものの、誰もが売却は不可能と決めつけ、解決に導ける人はいませんでした。

一般的な不動産会社には法律の知識がないため、相続放棄された物件を売却する方法がわかりません。一方、弁護士や司法書士は「相続財産管理人」を立てることまでは知っていても、債務者のニーズに応じた任意売却のノウハウはありません。

このケースの場合には、妥当な価格を決めて買い主を見つけることで、金融機関に対して猶予期間を求める交渉ができるようになります。ところが、不動産取引や交渉の実務経験がなければ、どのタイミングでなにをすればいいのか判断することができません。そうして判断を間違えると任意売却は成功せず、場合によっては「御池さんに大きな負担がのしかかるだけ」ということになりかねないのです。

御池さんの家を売却するためには、100万円の予納金に諸経費を加え、200万円程度のお金がかかることが予測されました。任意売却が成功しなければ、予納金の100万円は無駄になってしまいます。その場合には責任を問われかねないという不安があるため、弁護士や司法書士はとりあえず「売却不能」と答えたのです。

不動産取引と法律という2つの面で豊富な知識と実務経験を持っていなければ、怖くて関われないというのが、このケースについて多くの専門家の考えでしょう。

任意売却の場面ではこういったケースは数多く見られます。そのため不動産会社と法律事務所が協力して解決にあたることもありますが、チームワークがなければそれぞれがバラバラに役割を果たそうとするだけでうまくいきません。

依頼者が本当に望む生活再建を実現するためには、知識と経験を持ち寄って行程表を作れるようなチームワークが必須です。残念ながら、日本にはまだそのようなサービスを提供できる組織や機関は稀少です。

手数料などの費用を捻出するためにはテクニックが必要

不動産の任意売却にはさまざまな費用が必要となります。弁護士や司法書士などの法律家に業務を依頼する場合にも、私のような任意売却専門家に相談し、売却を依頼する際にも手数料がかかります。

御池さんのケースではさらに予納金100万円という大きな費用が発生していますが、債務の支払いに行き詰まっている状況で、そのようなコストを賄うのはほとんど不可能です。専門家の中には「報酬がもらえそうにないから」という理由で御池さんの依頼を断った人もいたものと思われます。

したがって御池さんのようなケースでは、依頼人の希望に添った任意売却を完了するだけでなく、手数料などを捻出するためのテクニックも必要となります。

御池さんの場合、売却物件は自宅1軒でしたが、所有権は御池さん本人と夫の二つに分かれています。このうち「相続財産管理人」が扱うのは夫が保有していた分だけです。つまり650万円という売却代金のうち、夫の分だった325万円は「相続財産管理人」により厳正に管理され、債権者である銀行に丸ごと渡されますが、御池さんの保有分は自由に処分することができるのです。

私はこの点に注目して、売却に必要な費用を御池さんが受け取る325万円から賄えるよう手配しました。費用を抑えて御池さんの取り分が多く残ったとしても、最終的には債務の返済に充てられてしまいます。御池さんが希望どおり自宅で暮らし続けられるよう、取り分からきちんと費用を捻出して、任意売却を成功させることは非常に高度なテクニックだといえます。

任意売却は早いタイミングで取りかかるほど成功率が高い

不動産の売却には時間がかかります。価格の査定、買い手探し、さらには諸手続などを含めると、有利な条件で売却するためには最低でも3カ月以上必要と考えられています。任意売却の場合はさらに、金融機関との交渉など難易度の高い手順が加わるため、時間的な余裕がなければ成功率が下がります。また、ある時点を過ぎると事実上不可能になるため、住宅ローンの返済に行き詰まりを感じたら、「いつまでなら任意売却が可能か」を意識する必要があります（図表7）。

任意売却を決断する上で大きなターニングポイントとなるのが代位弁済です。債権者である金融機関に対して、この時点までに任意売却の意向を示すことができれば、競売の申し立てを待ってもらえることがあります。交渉次第では「しばらくの間は金利のみの支払いでよい」と支払いを猶予してもらえることもあるので、代位弁済前に対応することは非常に重要です。

「代位弁済」が行われてしまうと、状況は一変します。第2章で解説したとおり債権は保証会社に移行し、交渉の窓口は保証会社もしくは債権回収部署になります。期限の利益喪失により、「全額一括返済」を求められることとなり、それができない場合には抵当権が設定されている自宅を処分して売却価額を返済に充てなければなりません。自宅の処分方法には競売と任意売却がありますが、債務者が何のアクションも起こさなければ、保証会社は自動的に競売の申し立てを行います。

［図表7］ 滞納から退去までのスケジュール

1. 滞納から競売申立まで

最短4カ月

- 住宅ローンの滞納（3〜6カ月）
- 銀行から督促状・催告書が届く
（「期限の利益の損失」の通知、「代位弁済・一括弁済請求」の通知）

ここまでに任意売却の意向を示せば、競売を待ってくれることも

- 保証会社、債権回収部署に窓口が変わる。競売の準備にはいる（約1カ月）
- 競売の申し立て、差押え登記（約1週間〜10日）
- 「競売開始決定通知書」が届く（即日〜）

2. 競売申立から入札まで

任意売却の可能な期間　最短3カ月

- 配当要求公告（約1週間）
- 裁判所執行官による現況調査（約1カ月）
- 評価書・現況調査報告書が完了（即日）
- 売却基準価額の決定（即日）
- 「入札日決定の通知」が届く（即日）
- 競売情報紙やインターネットに室内の写真等が掲載される（約1カ月半）

タイムリミット

競売で退去

- 入札開始・開札（約1週間〜1カ月）
- 落札者による代金納付・登記手続き（即日）
- 明け渡し（退去）

この競売の申し立てが任意売却の成否を分ける大きなターニングポイントです。私の会社で扱った事例について統計を取ってみたところ、競売の申立前に任意売却の交渉を保証会社と行った場合、成功率は91％にのぼりました。ところが競売申立後になると成功率は68％にまで落ち込んでしまいます。

代位弁済後すぐに保証会社は競売に必要な資料集めや書類の作成に入ります。通常約1カ月でその作業を完了し、裁判所に競売の申し立てを行うのですが、債権者には競売に80万円くらいの費用もかかります。その前に交渉し任意売却したいと告げることで、申し立てを待ってもらえることが多いのです。

もし申し立てまでに猶予期間をもらえたら、十分な時間をかけて買い主を探せるため、任意売却の成功率は大きく高まります。

競売の申立後でも可能？　任意売却のタイムリミットは？

もちろん競売の申し立てがなされてしまったからといって諦める必要はありません。競売の申し立てから入札までは最短で3カ月しかないため、成功率はどうしても下がってしまいますが、私が扱った事例の中には入札まで残り1週間という時点で任意売却にとりかかり、成功したケースもあります。

任意売却できる可能性が0になるのはいつなのか、二つの面から検証してみましょう。

法的な面から考えると、入札が完了し、その結果を発表する開札が行われても、まだ任意売却できる可能性は残されています。開札により落札者は購入する権利を得ただけであり、代金の支払いが行われて物件が落札者のものとして登記されるまでは債務者の所有物です。したがってそれまでは競売を取り下げることができ、任意売却を成功させるチャンスは残されているのです。

ただし、開札後に競売の取り下げを行う際には落札者の同意が必要となります。通常、競売の入札に参加するのはビジネスを目的とする不動産会社なので、同意を得るには金銭的な補償を求められます。経済的にひっ迫している債務者が十分な補償を行うことは非常に難しいので、実質的には開札前が任意売却の最終的なタイムリミットと考えられます。

タイムリミットについて考える上ではもう一つ、債権者の意向が重要な意味を持ちます。任意売却の実施は債務者が単独で行使できる権利ではなく、あくまで債権者との和解により与えられるチャンスにすぎません。「○月○日までに完了させること」と債権者が期日を定めたら、その日がタイムリミットになります。

競売は裁判所により行われますが、全権を握っているのは債権者です。したがって債権者との交渉で定められた期日がいつなのか、任意売却を進めるに当たってはしっかり確認しておくことが大切です。

任意売却の契約に盛り込めるさまざまな特約

不動産を売却するときには売り主と買い主の合意のもと、売買後に売り主の生活に影響が出ないよう契約にさまざまな特約を盛り込むことができます。任意売却においても交渉により特約を盛り込むことは可能であり、通常は左記のような特約をつけます。

・瑕疵担保責任および付帯設備修復義務の免責

不動産の売却においては通常、瑕疵担保責任が売り主に課せられます。瑕疵というのは雨漏りやシロアリの害、給排水設備の故障など、一見してわからない重大な欠陥のことです。売却した不動産にそういった瑕疵があった場合には、売却後も買い主は売り主に補償を求めることができるというのが瑕疵担保責任です。任意売却では売り主に補償するだけの資力がないため、この瑕疵担保責任を免責できるという特約を契約に付け加えます。

また売却後、給湯設備などの付帯設備に不具合が見つかった場合にも、売り主は修繕義務を負わないよう特約が盛り込まれます。

・債権者、差押権者の担保抹消同意

任意売却が成立するためには、登記簿に記されている抵当権の抹消が必須です。通常、抵当権の抹消は売り主の責任であり、もし抹消できずに売買契約を履行できない場合には違約金が発生します。

ところが売り主は金融機関に対して抵当権の抹消を強制できないため、任意売却では「万一、抵当権登記を抹消できなかった場合にも、責任を問われない」という特約を必ず契約に盛り込むのです。

・手付金の預かり

不動産の売買では通常、契約時に買い主から売り主に手付金が支払われ、決済日に残金が精算されます。しかしながら任意売却の場合には「決済日までなにが起きるかわからない」というリスクがあります。そのため手付金を売り主に渡さず、私のような売買を仲介する企業が預かったり、仲介会社や法務局へ供託する、という方法があり、契約書にもその旨を記した条項が盛り込まれます。

前述の3つは必ずといってよいほど契約書に記載されますが、ケースによっては他にも次のような条項が入ります。

・引き渡し猶予

債務者が物件を引き渡して出ていくためにはある程度の時間的な猶予が必要です。次の住まいを見つけたり、子どもの学校を手配したりと引っ越しに当たってはなすべきことがたくさんあります。

契約から決済までの期間が短い場合には、そういった準備を完了できるよう、決済後数週間から1カ月程度の猶予期間をもらい契約書に記載します。

・残存物処理の負担

引っ越し時には持っていけないものや不用品が発生します。特に任意売却では引っ越し先がより小さな住まいになることが多いため、債務者にとって家財道具の整理は必須です。残された不用品の処分にも、最近はまとまったお金がかかるため、買い主に負担してもらえるよう交渉を行います。

・引っ越し費用の支給

引っ越し費用は債務者の家の引き渡しに必要な費用です。スムーズな引き渡しを希望する買い主にとっても支出するメリットは認められるため、引き渡し猶予の特約とセットで盛り込まれます。

・賃貸借契約の締結

債務者がそのまま住み続ける場合には売買契約成立後、買い主との間であらためて賃貸借契約を締結します。売買契約書に記載することで、確実に賃貸借契約を結ぶことができます。

・買い戻し特約

一時的に家を手放すものの、将来的には買い戻しができるよう、その権利を売買契約書に盛り込むことがあります。その際には、将来、買い戻すときの金額を盛り込んでおくこともあります。

［第4章］

任意売却後、無理なく再スタートが切れる！「自己破産」を賢く利用せよ

任意売却後に残った債務はどうするのか？

任意売却はオーバーローン状態の人が行うものなので、売却代金を全額債権者に渡しても、必然的に債務が残ります。たとえば「残債3000万円という状態で自宅を任意売却をしたところ、2000万円で売却できたので残債務が1000万円残ってしまった」というようなケースが任意売却の典型例です。

住宅ローンの返済に行き詰まった人が、1000万円の残債をどうやって支払っていけばいいのか――多くの人が不安に思う事柄です。代位弁済後は金利が14％という高い利率に跳ね上がります。利息だけで年間140万円、月額にして約12万円です。そんな額を支払えるわけがありませんから、結局は自己破産してしまいます。

しかしながら、実際には債権者との和解により、「支払える範囲で返済を続ければいい」という合意が得られる場合が多いので、自己破産せずに解決する方法もあります。任意売却前には「一括返済を！」と強硬に迫ってきた債権者が柔軟な対応をしてくれるとは考えにくいところですが、家を処分した前後では「借金の性質」が変わるため、返済に対する

［図表8］任意売却前後での借金の違い

	任意売却前の借金 （正常債権）	任意売却後の借金 （異常債権）
1. 権利の変化	有担保債権	無担保債権
	銀行は不動産を担保に「抵当権を設定」する	任意売却により「抵当権は抹消」され銀行は担保となる不動産を失う
2. 支払い能力の変化	支払い能力あり	支払いが困難
	債権者は「債務者は支払い能力がある」と認識した ↓ 「債権者主導」で返済額を決定した	債権者は「債務者は支払いが困難である」と認識した ↓ 「債務者主導」で返済額を決定する

姿勢も変化するのです。

任意売却前の債権は担保となる物件に抵当権が設定された「正常債権」ですが、任意売却や競売で住まいを処分した後は、担保のない「異常債権」となります。

貸付を回収したくても債権者にはそのための手段がないため、債務者主導で交渉を進め、返済額を決めることができるのです。

交渉に当たって大切なのは、誠意を示しながら返済方法を決めることです。「返済を続けることは可能か」「いくらなら返済できるのか」「返済を続ける意思はあるのか」という実情を正直に伝えて、妥協点を見つけるのが正しい交渉のありかたです。

金融機関側も事情を理解しているので、前述のように1000万円の残債があるからといって、「月々12万円の金利プラス元本の返済を」とは求めません。「月々1万円でどうでしょう?」というように、個別に交渉しながら返済額を定めるのが一般的です。

したがって残債額が同じでも月々の支払いはまったく異なります。ある人は2万円の支払いを求められ、別の人は5000円で勘弁してもらえるというのが、任意売却後の返済事情となっています。

無理のない額とはいえ、永遠に返済することになるのか?

1000万円の残債を月々1万円ずつ返済しても、完済は不可能です。無利息なら83年かければ完済できますが、35歳で返済を始めた場合、完済時には118歳です。

無理のない額ではありますが、一生かけて支払うと考えると、恐ろしくなってきます。年金生活に入れば収入はさらに減るでしょうし、病気になれば1万円の負担も賄いきれなくなるかもしれません。

将来に対するこういった不安は実はあまり必要ありません。支払えなくなった場合には

「支払わない」という選択肢もあるからです。事情が変わり、支払いが難しくなったときには、金融機関に対してその旨を伝えると、「支払い停止」という措置をとってもらうことができます。

ただし、支払えないからといって金融機関からの連絡を無視するのはNGです。あくまで誠意のある対応が重要なので、支払えなくなったときにはなるべく早めに連絡し、残債をどうするのかを協議する必要があります。

残債は金融機関からサービサーに移行する

金融機関との付き合い方についてここまで解説してきましたが、実際には数年で交渉の窓口は変わってしまいます。少額の支払いを毎月管理するのは金融機関側も手間がかかりたいへんです。そこで「不良債権」として別の会社に売却してしまうのが、金融機関の一般的な対応なのです。

不良債権を買い取る会社は「サービサー」と呼ばれます。「返済に行き詰まった債権を買い取る」という業務の内容からは一見怪しげに見えるかもしれませんが、実際には法務大臣の認可を受けて債権の回収を行う企業です。

もともと債権回収業務は弁護士もしくは弁護士法人のみに認められる特殊な仕事でした。バブル崩壊後、急増した不良債権の処理を弁護士や弁護士法人だけでは賄いきれなくなったため、1999年に「債権管理回収業に関する特別措置法」が施行され、弁護士法の特例としてサービサーの設立が認められたのです。

債権回収というと、一昔前は暴力団などの反社会的勢力に類する人が関わっていると考えられていましたが、同法では暴力団等反社会的勢力を排除するための仕組みが盛り込まれています。現在活動しているサービサーは健全な企業ばかりであり、金融機関からサービサーに債権が譲渡されたからといって、債務者が不安に感じるような「強硬な取り立て」などが行われることはありません。

返済不能に陥った債権は額面の2%程度で売却されることが多く、1000万円の残債であれば20万円ほどです。それ以上回収できればサービサーは黒字になるので、強硬な取り立てを行う必要がないのです。

私もときどき任意売却を完了した依頼者から、数年後に「債権を譲渡したという通知が来ました」という問い合わせを受けることがあります。銀行などの金融機関や保証会社が債権の保有者である場合には安心感がありますが、聞いたこともない社名のサービサーから「債権の譲渡を受けた」という通知が来れば、不安に思うのは当然でしょう。

私はそんなときにはいつも「よかったですね」と開口一番お伝えしています。サービサーに債権が移ったということは、回収のモチベーションがより低い会社が窓口になったということです。返済方法についてもより柔軟に対応してくれる可能性が高いので、債務者にとって債権の譲渡はメリットの大きい出来事なのです。

債務の整理には4つの方法がある

「借りたものは返しなさい」――子どものころにそう教わった人は多いはずです。そのため債務の返済に行き詰まると、経済的なつまずきではなく倫理的に許されざることと考える人が少なくありません。

そのため「債務整理」についても制度を積極的に利用する傾向が低く、解決できるにもかかわらず、無理な返済に苦しむケースが多々見られます。

しかしながら、債務者が返済不能に陥るのは本人のせいばかりではありません。リストラや離婚、病気などのリスクはほとんどの人が背負うものであり、経済的に行き詰まる潜在的な危険性は誰もが持っています。

ローン破綻しない絶対的な方法はローンを利用しないことだけです。けれどもそれではほとんどの人が家を買うことができず、不動産取引に対する依存度が高い日本の経済は行き詰まってしまいます。ある程度のリスクをとってローンを組み、万が一、返済に行き詰まった場合に債務整理をするのはごく正当な経済的行為と考えるべきです。

債務整理には「任意整理」「特定調停」「個人民事再生」「自己破産」という4つの方法があり、状況に合わせて選択することができます。

【任意整理】

任意整理はその名のとおり任意で債務を整理するやり方です。裁判所などの公的機関を利用するのではなく、一般的には弁護士や司法書士が介入して返済プランや債務の減額などについて交渉します。交渉結果は和解書という形で残されますが、この書面に法的拘束力はほとんどありません。

【特定調停】

裁判所の調停員が仲裁役として介入し、債権者との話し合いにより返済プランを決める方法です。任意整理とは異なり公的な手続きなので、成立した調停の内容を記した調停調書には裁判の判決と同等の拘束力があります。

【個人民事再生】

地方裁判所に申し立てをすることで、家を手放すことなく債務を圧縮できる方法です。住宅ローンは減額できませんが、それ以外の債務を大幅に圧縮できます。したがって住宅ローンの負担そのものが重すぎて支払えないケースには不向きです。住宅ローン以外にカードローンなどがあり、その負担を減らせば住宅ローンを支払うことができるようになる、という人に適しています。

【自己破産】

前述のような債務整理を利用してもなお返済できない債務を抱えている人が、地方裁判所に申し立てを行うことで債務をゼロにできるのが自己破産です。申立時点で保有財産の多くを提供することになりますが、無理な債務返済から解放され、経済的に再スタートを切ることができます。

自己破産には管財事件と同時廃止事件がある

自己破産には「管財事件」と「同時廃止事件」という2つのケースがあり、それぞれ手続きなどが異なります（図表9）。自己破産をする場合には通常、破産管財人を立て、その監督の下で債務者の保有する財産を換金処分し、債権者に分配します。このケースを「管財事件」と呼びます。

ところが分配できる財産がない場合には、管財人を立てて財産を分配するという手順が不要なので、破産手続きが始まると同時に終了します。これを「同時廃止事件」と呼びます。

［図表9］ 自己破産の手続き

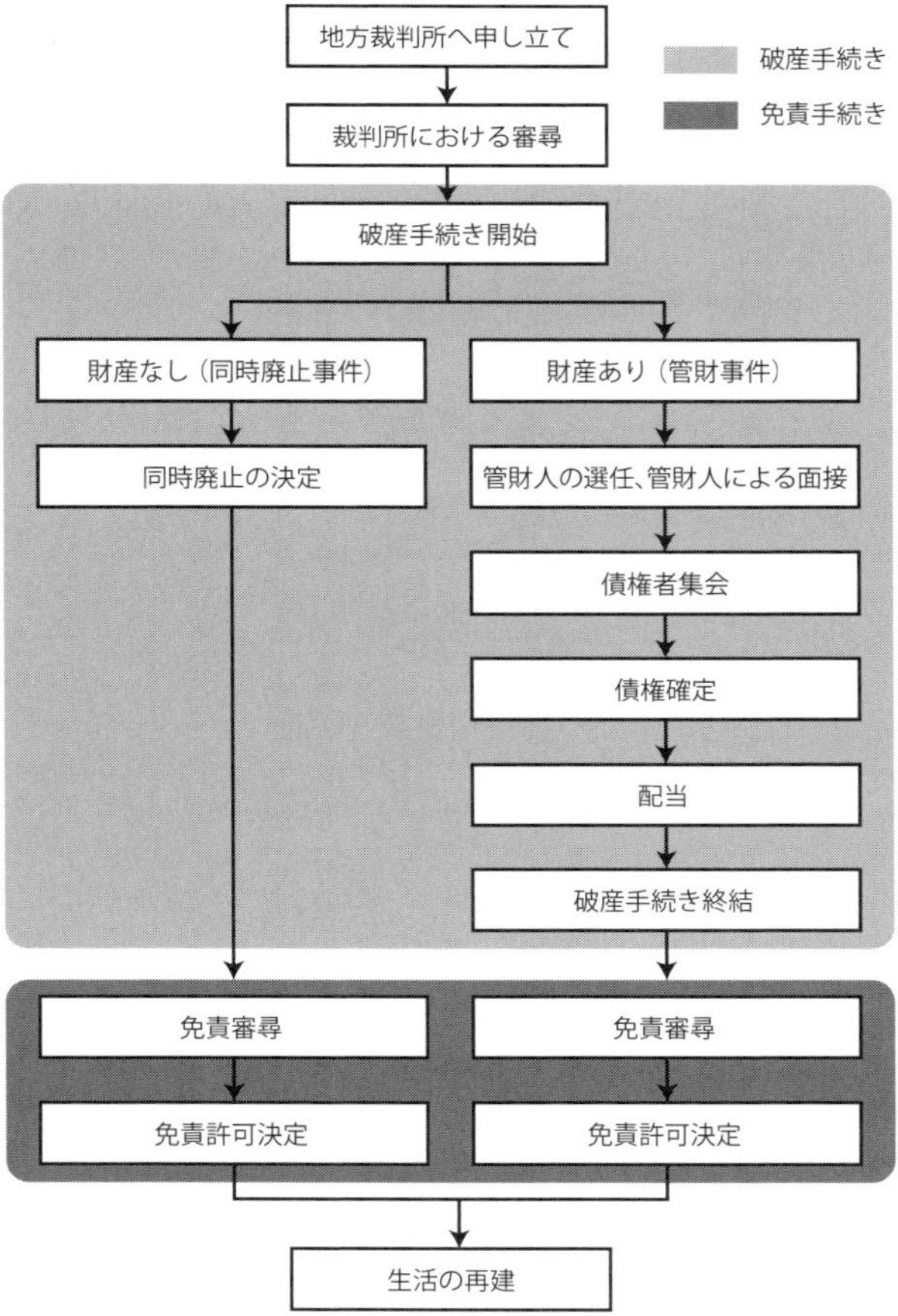

「管財事件」と「同時廃止事件」では債務者の費用負担が大きく異なります。「管財事件」では裁判所への予納金や弁護士費用を合わせると少なくとも50万円以上の費用は必要です。一方、「同時廃止事件」の場合には裁判所に支払う予納金が数万円ですむため、経費の総額は「管財事件」の半分程度ですみます。

最終的に免責許可が決定するまでにかかる日数にも違いがあります。「管財事件」では破産管財人が財産の特定や分配を厳しくチェックするなど手続きに時間を要するため、申し立てから手続き完了まで1年以上かかります。同時廃止事件の場合には事実上、免責手続きだけですむため、申し立てから免責許可決定までを半年程度で完了することが可能です。

依頼から再出発まで——自己破産の流れ

自己破産は裁判所に申し立てを行い、最終的に免責許可を得ることを目的とした手続きです。司法書士や弁護士への依頼→受任から始まり、借金をクリアして生活の再建を始めます。

自己破産の手続きには「破産手続き」と「免責手続き」があります。「破産手続き」は申立時点において保有している財産を換金処分し、債権者に分配するものです。一方、「免責手続き」は「破産手続き」の後、債務の返済義務を免除してもらえるよう行うものです。

申し立ては一括でできますが、それぞれ独立した手続きであり、場合によっては「自己破産は完了したが免責は不可になった」ということもあり得ます。

破産手続きの始まりは地方裁判所への申し立てです。申し立てを受けて裁判所で審尋（面接による質疑）が行われます。その後、破産手続きが進められ、財産がない場合には同時廃止が決定され、破産が成立します。

一方、財産がある場合には管財事件となるため、管財人が選任されます。さらに管財人による面接があり、債権者集会をへて債権が確定された後、債権者に配当が渡され、破産手続きが終了します。

免責手続きは破産手続きに引き続いて行われます。免責について裁判官による審尋があり、免責が妥当と判断されれば、免責許可決定が下されます。

自己破産のメリットとデメリット

私の会社で任意売却を手がけた依頼人の多くは、自己破産することなく生活の立て直しに成功します。これまで説明してきたとおり、任意売却を行うことで債務を最小限にし、残債の返済についても、経済的に無理のない額に抑えられるため、自己破産しないという選択肢があるということです。

ただし中には返済を続けるのではなく自己破産を選ぶ人もいます。彼らのほとんどは「それしか道が残されていないから」ではなく、「そのほうがメリットが大きいから」という理由で自己破産することを選ぶのです。

【自己破産のメリット】

①すべての債務について返済義務がなくなる

裁判所の監督下で債務者の財産を現金化し、債権者に分配する手続きが破産です。それに伴って進められる免責の手続きにより、裁判所から免責許可を受けることで、自己破産申告時点で抱えていたすべての借金を返す義務がなくなります。

②弁護士や司法書士に手続きを依頼すると返済の督促状や電話連絡などがなくなる

債務整理を依頼された弁護士や司法書士は債権者に対して「受任通知」を発送します。貸金業法やサービサー法により、「受任通知」を受け取った後の取り立て業務が大幅に制限されているので、金融機関はほとんどの取立行為を停止します。

③手続き開始後は給与の差押えなど強制執行が実施されない

返済の滞納が続くと給与などを差押えられてしまうことがあります。自己破産手続きと同時に強制執行停止の手続きをすることで給与の差押えを解除できます。また免責が許可されれば債務がなくなるため、その後、給与を差押えられることはありません。

④ある程度の財産を残すことができる

自己破産では保有財産を現金化して債権者に分配しますが、一定の財産は債務者の生活を維持するために必要であるとの考えから除外されます。

預貯金は20万円まで、現金は99万円まで保有できる上、家具や家電なども評価額が20万円以下のものや生活に必要なものは換金処分されません。

⑤自己破産後に得た収入はすべて自分のために使える

自己破産に伴う免責許可は申立時点の債務を免除するものですから、その後に得た収入は債務者がすべて自分のために使うことができます。住宅ローンの返済に苦しんできた人にとって、もっとも大きなメリットといえます。


このように自己破産には生活再建という面で非常に大きなメリットがあります。

しかしながら一方で一定のデメリットもあるので、検討する上ではしっかり意識しておくことが大切です。

【自己破産のデメリット】

①住所氏名が「官報」に掲載される

行政機関が毎日発行している文書が「官報」です。自己破産者の住所氏名はこの「官報」に掲載され、公になります。ただし一般の人で「官報」に目を通している人はほとんどいないので、「官報」によりご近所や友人、勤め先などに自己破産が知られることはまずないと考えてよいでしょう。

②個人信用情報（ブラックリスト）に掲載される

自己破産を含め債務整理を行うと、その事実は個人信用情報、いわゆるブラックリストに掲載されます。数年で削除されますが、その間はローンを組んだりクレジットカードを作ったりすることができません。

③特定の職業に就くことができなくなる

自己破産後、免責が確定するまでの期間は、一定の職業に就くことができません。制限されるのは弁護士、公認会計士、税理士、司法書士、宅地建物取引士、証券会社の外交員、貸金業者、質屋、警備員、生命保険外交員、損害保険代理店、労働者派遣事業者、旅行業者などの職業です。また職業ではありませんが後見人や遺言執行者などの役務にも就くことができません。

通常、免責までには半年から1年ほどかかるとされているので、職業・資格の制限を受けるのもその程度の期間です。

④費用がかかる

弁護士や司法書士に手続きを依頼するための費用がかかります。通常12万～30万円程度です。経済的に行き詰まった状態では大きなコストですが、法テラスを利用すれば、免責後に分割払いで支払うことができます。

⑤クレジットカードが使えなくなる

自己破産をすると個人情報信用機関に登録されます。この情報はカード会社で共有され

[図表 10] 自己破産のメリット・デメリット

<table>
<tr><td rowspan="4">自己破産する</td><td>メリット</td></tr>
<tr><td>• 借金がすべてなくなる
• 個人情報信用機関に登録されても 5 ～ 10 年程度で情報が消える（お金を借りられる環境が早く整う）</td></tr>
<tr><td>デメリット</td></tr>
<tr><td>• 一部職業制限を受ける（半年～ 1 年程度）
• クレジットカードが使えなくなるため、海外旅行などでは特に不便
• 自由財産以外はすべて金銭に換価される（自家用車や生命保険など）
• 破産手続きに費用がかかる</td></tr>
<tr><td rowspan="4">自己破産しない</td><td>メリット</td></tr>
<tr><td>• たいていはクレジットカードなどを継続して使える
• 自己破産をしなかったという自負心を持てる
• 返済計画が見直される
• 債権者に指摘されない財産はそのまま所有できる
• 数年後、和解によって解決できることもある</td></tr>
<tr><td>デメリット</td></tr>
<tr><td>• 残る借金は継続して支払請求を受ける
• 債務がなくなるまで個人情報信用機関に登録されたまま（高額なローンを組む環境が整いにくい）
• 今後所有する財産（給与・預貯金など）を差押えられるリスクがある
• 支払いが滞れば、裁判所から督促状が送られてくることがある
• 相続時に相続放棄の手続きが必要となる</td></tr>
</table>

ているため、クレジットカードが使えなくなります。ただしこの情報は5～10年程度で削除されるといわれています。その間は与信がないため、通常クレジットカードは持つことが難しくなります。

誤解されていることが多い自己破産

自己破産は経験した人があまり公にしないため身近ではなく、多くの誤解がはびこっています。特にデメリットに関するデマは自己破産を判断する上で妨げとなることがあるため、注意が必要です。

誤解① 自己破産すると選挙権がなくなる

選挙権は国民に等しく与えられている権利であり、経済的な破綻を理由に剥奪されることはありません。同じく被選挙権も保持されるので、極端にいえば自己破産した人が国会議員に立候補することも可能です。

誤解② 自己破産すると解雇される

従業員の解雇には正当な事由が必要です。自己破産は正当な事由とは認められていないため、それを理由に解雇することはできません。

誤解③ 自己破産すると賃貸住宅を退去しなければならない

賃貸物件のオーナーや管理会社が入居者の自己破産について情報をつかむことはほとんどありません。また賃貸借契約を結んでいる入居者を退去させるためには正当な事由が必要ですが、自己破産はそれに当たりません。

自己破産を理由に退去させられることは考えられませんが、経済的にひっ迫する中で賃料を滞納している場合には、契約に基づいて退去を求められることがあります。

誤解④ 自己破産すると年金が受給できなくなる

「自己破産すると年金の受給権を差押えられてしまう」というのはよく耳にする誤解です。

自己破産時に清算の対象となるのは申立時点で保有していたものであり、その後に取得するものは整理の対象外とされます（自己破産後に取得した財産を「新得財産」といいます）。

自己破産後に受け取る年金はこの「新得財産」となるため、問題なく受給できます。

誤解⑤　自己破産すると海外旅行に行けなくなる

自己破産したからといって海外旅行が制限されることはありません。パスポートに自己破産した事実が記載されたり、出入国の際に申告を求められたりしないことからも、渡航の自由と自己破産が無関係であるとわかります。

ただし自己破産の手続きを進める過程で一時的に、国内外を問わず長期的な旅行が制限されることがあります。その期間内に旅行をする際には裁判所に対する届け出が必要です。

誤解⑥　預金や現金、家財道具も失い無一文になってしまう

もっとも多く信じられている誤解は財産に対するものです。「家や家財道具を失い、無一文になればホームレスになる」という誤解が広く伝わっているため、恐怖感から自己破

産を選択できない人もいますが、自己破産手続きにおいても前述のとおり、一定の財産は残すことができます。

自己破産しても債務が消えないことがある

これも誤解されがちな事柄の一つですが、自己破産と免責許可は同じではありません。財産をすべて処分し、債権者への返済に充てたからといって、免責許可が下りるとは限らないのです。

免責されず支払い義務が残る債務には次のようなものがあります。

①税金などの公租公課

所得税や固定資産税、自動車税など滞納した税金は免責されません。また国民健康保険料や年金保険料、下水道料金、公立学校の授業料、公立保育園の保育料なども免責されないことになっています。

②不法行為に基づく損害賠償

故意または過失によって他人に損害を与えてしまった場合には、不法行為と認定され損害賠償を請求されることがあります。「ものを盗んだ」「酔っ払って人を殴った」「不注意な運転で人にケガをさせてしまった」などさまざまなケースが考えられますが、このような不法行為に対する損害賠償については免責されません。

③罰金等

刑事罰の一つとして科される罰金や行政処分に基づく「過料」などは免責の対象から除外されます。

④雇用関係に基づく従業員の給与

個人事業などで従業員を雇用している場合には、自己破産をしても給与の支払い義務は免責されません。

⑤養育費または扶養義務者として負担すべき費用

自己破産しても子どもに対する扶養義務は残ります。そのため扶養義務に基づいて発生する養育費等の費用は免責されません。

⑥ギャンブルや浪費が原因の債務

パチンコや競馬、競輪などのギャンブルや身分不相応な旅行や豪遊などが原因で負った債務については免責されないことがあります。

⑦自己破産を前提とする詐欺的な信用取引

自己破産することを前提として、新たな借り入れやクレジットカードを使って物品を購入した場合には、免責の対象から除外されます。

⑧自己破産手続きにおける債務リストに記載されていない借金

自己破産手続きの中では免責許可を得たい債務を特定するため、債権者一覧表を裁判所に提出します。ところが借金がかさみ、あちこちから借りている債務者の場合にはこの一覧表に漏れが出る可能性があります。債務者の故意または過失により漏れていた債務については基本的には免責されません。

自己破産と退職金

自己破産した人の所有財産は「破産財団」に組み込まれて債権者に分配されます。所有財産にはその時点で保有しているものだけでなく、将来的に取得が見込まれる財産も含まれ、その代表が退職金です。

退職金をどのように計上して「破産財団」に組み入れるのかは、受け取る時期と破産手続き開始時との関係により異なります。

①破産手続き開始時にすでに退職しており、退職金も取得している場合

退職金の全額が「破産財団」に組み入れられます。

②破産手続き開始時にすでに退職しているが、退職金はまだ取得していない場合

退職金の手取り額のうち1／4が「破産財団」に組み入れられます。残りの3／4は債務者が自由に使うことができます。

③破産手続き開始時にまだ退職していない場合

支給が見込まれる額の1／8が「破産財団」に組み込まれます。1200万円の退職金が見込まれる場合、1200万円×1／8＝150万円を「破産財団」が取得することになります。

ただし、破産後の保有財産として99万円が認められているため、その額を差し引かれます。前述のケースなら51万円が実際に「破産財団」に組み入れられる金額です。

退職金から組み入れられる分は毎月の給与から複数回に分けて差し引かれます。

自己破産したことが近所や勤務先にわかってしまう可能性

自己破産したことが周囲に知られることはほとんどありません。「官報」により公に告知されますが、見ている人はほとんどいないので、そのためにバレたというケースは私も多数の案件を扱ってきた中で、見聞きしたことがありません。

もっとも可能性が高いのは家を失い引っ越すことにより、わかってしまうことでしょう。ただしこれも自己破産前に任意売却を行い、購入者と賃貸借契約を結ぶことができれば、回避できます。

職場に知られることもほとんど考えられませんが、唯一可能性があるのは、退職金を「破産財団」に組み入れられる際に、「退職金の見込額算定の請求」を会社に行う時でしょう。

経理に勘の鋭い人がいれば、「自己破産したのでは?」と感づかれてしまうことがあり得ます。ただし、住宅ローンを組む際にも「退職金の見込額算定の請求」を行う場合があるので、「不動産を買おうと思っている」などと誤魔化すことは可能です。

自己破産は任意売却後が鉄則

任意売却が先か自己破産が先かは専門家によっても意見が分かれるポイントですが、私は「任意売却が先」だと考えています。任意売却を先に行えば、自宅という最大の財産がなくなり、「同時廃止事件」にしやすいためです。

自宅を保有している人が自己破産を申し立てた場合、通常なら「財産がある」と見なされ「管財事件」になります。しかしながら管財事件の予納金は最低でも20万円、そして弁護士への報酬も合わせるとだいたい50万円から100万円くらいと高額にのぼるため、住宅ローン破綻など大きな負債を抱えている人にとってかなりの負担です。そこで住宅ローンの残債が担保となっている物件価値の1・5倍を超えるときには「同時廃止事件」として扱うことがよくあります。

ただし物件価値を証明するためには不動産鑑定士の鑑定書や路線価に関する書面、固定資産税評価証明などの書類が必要であり、それなりの手間がかかります。また任意売却してもなお債務は残るものの、1・5倍には満たないという鑑定結果が出ることも珍しくありません。費用負担を回避し面倒を避けるためにも、自己破産前に任意売却を行うのが有利な選択といえます。

自己破産の前か後かで任意売却の成功率が変わるという問題もあります。

自己破産前に行う任意売却の手続きはこれまで解説してきたとおりであり、売却に際して必要な登記費用や仲介手数料などの諸費用は売却価格に含めることができます。

自己破産後は自宅を含む財産が破産管財人の管理下に置かれるため、任意売却に際しては破産管財人の協力が必要です。そのため「手数料」的な費用として「破産財団組入金」が破産管財人に支払われます。

「破産財団組入金」は売却価格の３～５％程度ですが、諸費用として扱われ、売却代金に含まれるので、自己破産後の任意売却ではその分、債権者の回収できる金額が減ることになります。

債権者は取り分が減るのを避けるため、売却価格を引き上げるよう求めてくることが多いのですが、価格が高くなれば購入希望者は現れにくくなり、任意売却の成功率は低下します。

返済が厳しく、自己破産を覚悟している依頼人の中には、「どうせ自己破産するのなら、先に任意売却をする必要なんてないのでは？」という人もいますが、かかる費用や時間、任意売却の成功率などを考えると、「任意売却→自己破産」という順序のほうが債務者にとってはるかに有利なのです。

自己破産するときの家具や家電、自家用車の扱いは？

家具や家電製品、自家用車は世帯の財産の中でも比較的価値が高いものの代表です。そのため「一切合切持っていかれてしまう」と誤解されがちですが、実際には価値が20万円を超えないものについては、換金処分されないため、そのまま持っていることができます。最近では大型テレビでも20万円しないものが多いので、家財道具に関してはよほど高価なもの以外は残すことが可能です。査定はリサイクル業者などに依頼し、その結果を司法書士や弁護士が書証として裁判所に提出します。

自動車については中古車販売業者などに査定を依頼し、査定額が20万円を超えなければ、そのまま保有することが可能です。したがって20万円前後とおぼしき中古車の場合には、なるべく低めに査定してくれる業者を見つけることができれば、換金されずにすみます。

ただし、自動車ローンを支払っている最中のものについては、価値にかかわらず乗り続けることはできません。債権者であるローン会社が所有権を持っているため、引き揚げられてしまいます。

自己破産後に次の住まいを確保できるか？

自己破産後に次の住まいを確保できるかどうかは非常に大きな心配事です。住まいを失うことが決まれば、引っ越し先を見つけなければなりません。この場合、引っ越し代や敷金・礼金など、住み替えに伴って必要となる費用については、任意売却をすることで生活準備金をもらえるため、あまり問題になりません。

気になるのは入居審査です。「自己破産した人間に部屋を貸してくれる大家がいるだろうか？」というのは多くの人が心配する事柄です。たしかに部屋を貸す側からすれば、「お金の問題で家を失い、移り住む先を探している」という事情を知れば、家賃の不払いが懸念されます。

これについてはまず、自己破産したことが入居審査をする側に知られてしまうかどうかという問題があります。保証会社を通すことなく家賃を直接大家に支払う仕組みの賃貸住宅では、入居審査の対象となるのは収入の状況と保証人の有無だけです。したがって転居理由の詳細を大家に伝えなければ、自己破産の事実を知られることはありません。

一方、保証会社を利用する賃貸住宅の場合には、保証会社が個人情報の確認などを行うことがあります。住宅ローンの滞納履歴や自己破産したことを確認されてしまい、入居審査に落ちることもあり得ます。

けれども賃貸住宅における家賃保証会社の審査基準は、住宅ローンの返済を保証する保証会社に比べればかなり甘めです。個人信用情報により問題が見つかったとしても、断られるケースはむしろ少ないのが実情です。入居審査で断られる割合は3割程度であり、数件あたれば必ず入居できる住まいに出合うことができます。

収入等の問題があるときには生活保護を利用する

前項で解説したのは信用情報だけに問題があるケースですが、「家賃を支払えるだけの収入がなく、保証人も見つからない」というケースもあります。その場合、独力で賃貸住宅を借りて住むのは難しいため、生活保護など国の支援を利用します。

生活保護の申請が認められれば、生活費の他、引っ越し費用や敷金、礼金も国が負担してくれます。確実に家賃が徴収できるため、生活保護費受給者の入居を歓迎する大家もいるので、家探しの苦労はなくなります。

生活保護にはあまりいいイメージがないため、積極的に受けようとする人はほとんどいません。しかし生活保護は国が定めた国民を守るための制度であり、受給することは国民の権利です。生活再建のために利用することをためらう必要はありません。

ただし、生活保護を受ける暮らしには通常と異なる制限が課せられるので、事前に確認しておくことが大切です。

【生活保護を受ける上での制限事項】

①預貯金を持てない

生活保護費として支給されるお金は生活を維持できる最低限の額とされているので、預貯金は支給の目的とは矛盾するものです。そのため預貯金の存在が発覚すると、受給額の減額や受給停止という処分が下されることがあります。

②借金ができない

借金をすると受給したお金で返済することになり、やはり生活費を賄うだけという本来の用途とは矛盾します。借金がある場合には、自己破産など債務整理手続きをしてから申請するのが原則です。

③財産を持てない

不動産など「プラスの財産」がある場合には、「処分して生活を賄うことができるはず」と考えられるため、生活保護費の受給ができません。ただし住宅ローンの滞納により不動産を任意売却する場合は負債のほうが大きく「マイナスの財産」と見なされるため、受給が可能です。

自家用車が財産に当たるかどうかはしばしば議論されるポイントですが、地域により判断が分かれます。交通網が発達しておらず、車がないと生活が成り立たない地域では、保有が認められますが、都市部など車なしでも十分生活できるエリアでは認められません。

④保険に加入できない

掛け捨ての保険であれば認められるケースもありますが、貯蓄型の保険は財産に当たるため加入できません。また医療費は生活保護費とは別に支給されるので、医療保険に加入する必要性はなくなります。

⑤健康保険証を持てない

医療費は福祉事務所から受け取る医療券で賄うため、健康保険証は返還することになります。受診できる病院は指定された医療機関のみであり、緊急時以外はその他の病院で治療を受けることはできません。

⑥居住できる物件に制限がある

生活保護下では家賃は住宅扶助として別立てで支給されます。エリアごとに上限が決まっているため、家賃がそれ以下の物件にしか住むことができません。

⑦経済状況を報告する義務がある

受給額が適正かどうかを確認するため、収入と支出について定期的に報告する義務が課されています。報告を怠ると不正受給と見なされることがあります。

⑧ケースワーカーの指導に従う義務がある

生活保護は基本的に自立して生活できるよう支援するための制度です。そのためケースワーカーによる就職活動の指導や就職先の紹介などがあり、従うよう義務づけられています。

自己破産するかどうかは債務者本人が決めること

自己破産すべきかどうか、というのは私がよく相談を受けることの一つです。相談先によってこの問いに対する答えは大きく異なります。

弁護士など法律の専門家は「自己破産すべき」という人が大半です。彼らにとっては依頼人が自己破産してくれることが自身の収益につながるからです。任意売却を専門とする会社はほとんどが「自己破産しなくていい」と答えます。彼らは法律家ではないので、自己破産についてアドバイスしたりサポートすることができません。そのため相談者の事情とは関係なく「しなくていい」というのです。

私自身は自己破産のメリットとデメリットをしっかり確認してもらった上で、債務者にとってベストな選択をしてもらえるようにすることが大事だと考えています。

これまで解説してきたとおり、自己破産には特に金銭面で大きなメリットがあります。債務を抱えての暮らしには常に不安がつきまといます。任意整理などで返済額を減らせたとしても、その負担すら賄えなくなるかもしれません。自己破産して債務をなくせば、そういった不安をクリアして、経済的には新たなスタートを切ることができます。

一方、クレジットカードが使えないことや職業の制限などのデメリットは一時的なものであり、一定の期間が過ぎればなくなります。「損得」で判断するなら、自己破産することを選んだほうが、お得なことは多いといえます。

しかしながら人は「損得」だけでものごとを決めるわけではありません。「辛い状況でも自己破産せずに頑張れた」というプライドを感じられることが自分には大切なのだ、という人もいます。特に高齢者には自己破産することに罪悪感を持つ人が少なくありません。そういう人にとっては「自己破産しなかった」という事実が心情的なメリットとなります。お金の問題はさておき、心の問題として自己破産はしないというのも、一つの選択だと思います。

もう一つ、自己破産を選択しない人が理由に挙げることとして「保証人への影響」があります。保証人がいる場合、一般的には債権者から保証人に債務返済の請求が行われます。

このことは自己破産を選択する上で大きな検討課題といえます。

[図表 11] 保証人のイメージ

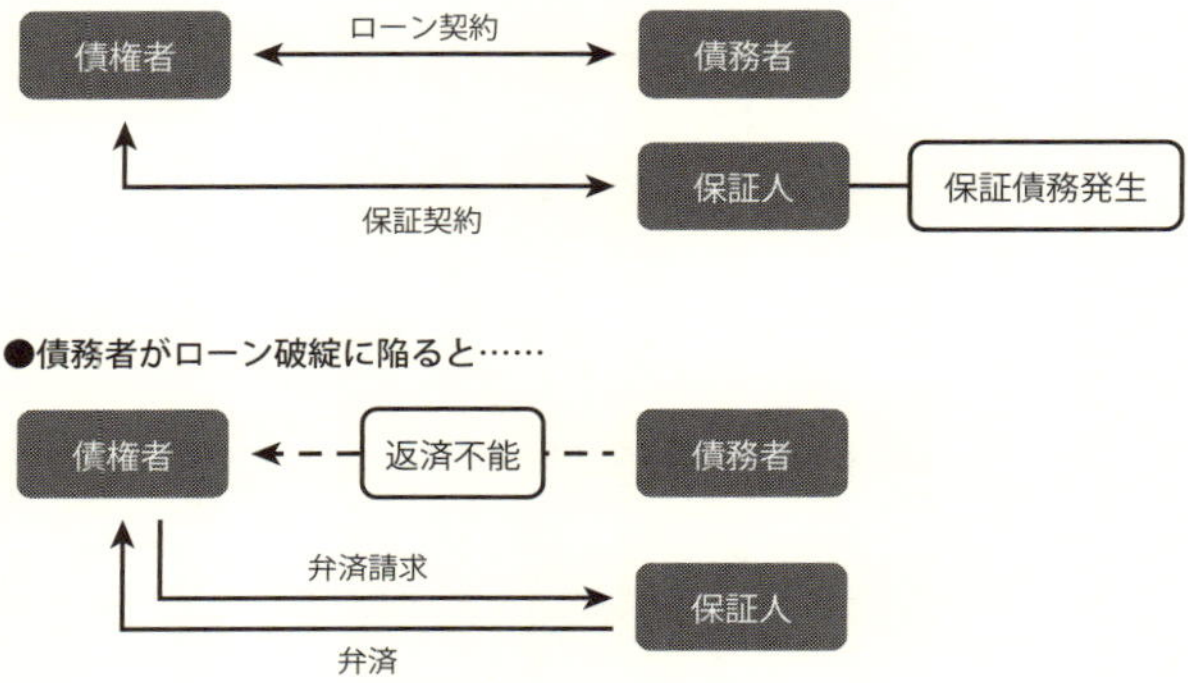

債務整理で気をつけたい連帯保証人の存在

ローン破綻がもたらす大きな不幸の一つに人間関係の破綻があります。特に債務整理することになれば、保証人に経済的な負担がのしかかることが少なくありません。

保証人の側からすると、債務者となった親や子ども、兄弟、親しい友人などを信頼していたからこそ頼みを引き受けてローンの保証人になったのに裏切られたと感じがちです。しかしながら保証とはそもそも、「債務者が債務を履行しないときに主債務者に代わって保証人が債務を弁済する」という契約であり、保証人が債権者との間で締結するものです。保証人になるということはその時点で「保証債務」という借金を背負うのと同義なのです。

したがって債務者が住宅ローンを返済できなくなり、債務整理を行うと、保証人に対して図表11のような弁済請求が行われることが考えられます。ただし前述のように債務整理の方法には「任意整理」「特定調停」「個人再生」「自己破産」という四つがあり、どれを選択するかによって保証人に及ぶ影響は異なります。

•「特定調停」もしくは「任意整理」を選んだ場合

この二つの債務整理方法には「どの債務を整理するか、債務者が選べる」という特徴があります。たとえば住宅ローンについては保証人がついていないが、事業用ローンには保証人がついているという場合には、住宅ローンを整理の対象から外すことで、保証人への影響を避けることができます。

またどうしても保証人をつけている債務も債務整理の対象にしなければならないときには、「特定調停」であれば保証人を「関係債務者」として裁判所に申し立てるという方法があります。「任意整理」の場合には保証人との連名で弁護士や司法書士に整理を依頼するという方法が有効です。いずれの方法でも債権者と調整し直した返済を債務者がしっかり続ける限り、保証人に請求が及ぶことはありません。

・「個人再生」もしくは「自己破産」を選んだ場合

「個人再生」および「自己破産」では、債務者はどの債務を整理するかを選ぶことができません。保証人がついている債務が対象となり、返済が受けられなかった場合には、債権者は必ず保証人にその分の返済を求めます。ただし「個人再生」では前述のとおり住宅ローンは対象外とされているため、住宅ローンの保証人については影響が及ぶことはありません。

弁済を求められた保証人には主に四つの選択肢があります。

①請求された額を全額弁済する

保証人に資産がある場合には、とり得る手段です。

②任意整理をする

金融機関と交渉を行い、返済額の減額を求めます。返済を続けるだけの収入がなければ選択できません。

③自己破産する

弁済不能な場合には、自己破産手続きを行うことで、金銭的な負担から解放されます。

④任意整理も自己破産もしない

債務を放置するのではなく、金融機関と話し合い、「これだけしか支払えない」と支払い可能な額を債権者に示すことで、合意を得る方法です。ただしこの方法には、金融機関の事情次第で、いつ何時、給与財産や預金財産、不動産、生命保険などを差押えられるかわからないというリスクがあります。

連帯保証と連帯債務

住宅ローンを組む上で、連帯保証とともによく見られるのが「連帯債務」です。住宅ローン破綻に際して、返済義務を負うという点では同じなので混同されがちですが、異なるポイントも多いので、債務整理を考える上では違いを理解しておくことが大切です。

【連帯債務】

文字どおり、連帯して債務を負う仕組みなので、債務者に「主従」の関係がありません。通常、住宅ローンの場合には共働きの夫婦などが住まいの名義を共有するのとセットで連帯債務とするケースがよく見られます。

債務者のそれぞれが住宅ローンに対して同じ立場で返済義務を負うため、債務者の1人が支払えなくなると、その分を他の債務者がカバーすることになります。たとえば3000万円の債務を負う連帯債務者の1人が死亡した場合、債権者は残っている債務者に3000万円の返済を求めることができます。

【連帯保証】

連帯債務との違いは債務に「主従」の関係があることです。あくまで債権者と主債務者との金銭貸借契約があって初めて保証契約が成り立つので、主債務者との契約が消滅した場合には、保証契約も失効します。

３０００万円の債務を負う主債務者が死亡した場合、債権者との間で取り交わされた契約がなくなるため、保証契約も消滅します。債権者が連帯保証人に債務の返済を求めることはできなくなるのです。

［第5章］

弁護士、不動産会社の言いなりになってはいけない——住宅ローン問題の解決に「専門家」をうまく使う秘訣

住宅ローンの支払いに困ったらどこに相談すべきか？

住宅ローンの支払いに行き詰まったら誰に相談すればいいのか、迷うところです。一般的に思いつくのは融資元の金融機関や弁護士や司法書士など法律の専門家、また最近ではインターネット検索の普及により、私の会社のような任意売却専門会社を訪れる人も増えてきました。

それぞれ思惑や得意・不得意、信頼性などに違いがあるので、よく理解した上で相談することが大切です。

【融資元の金融機関】

融資元の金融機関に相談すると、返済計画の見直しを提案してくれることがあります。ボーナスが減額されて苦しい場合にはボーナス返済をなくしたり、短期的に収入が減っている場合には1年間だけ利息分のみの支払いでいいと返済額を減額してくれたりすることがあります。

ただし、金融機関の提案は総じて、債務者にとって問題の根本的な解決には足りないケースが大半です。ボーナス返済をなくせば、他の月の返済分が増えることになります。1年間利息分のみの支払いをすると、やはりその後の支払額が増えます。債務者の収入が一時的に落ち込んでいるだけならば意味のある提案ですが、落ち込みがいつ終わるのかわからない状況なら、問題を先送りにしているだけです。

金融機関側も一時しのぎに過ぎないことはもちろん理解しています。しかしながら元本と利息を全額回収するのが彼らの原理原則なので、先送りになる提案しかできないのです。とはいえ、住宅ローンの返済に行き詰まったとき、金融機関に相談することには非常に大きな意味があります。「債務者として延滞を非常に重大なことと認識しています」という意思表明になり、金融機関の側は誠意を示してくれたと受け取るからです。

任意売却や債務整理を進めることになれば、後々金融機関と交渉する機会が多々あります。先に誠意を示しておくことで、交渉が円滑にまとまりやすくなるので、住宅ローンの返済を延滞したら、自分から連絡を入れて、なるべく早めに金融機関を訪れるのがおすすめです。

【弁護士・司法書士】

金融機関から法律用語が多数並んだ督促状や催告書が届いたら、ほとんどの人が真っ先に思いつく相談先は弁護士や司法書士など法律の専門家でしょう。

住宅ローンの返済に行き詰まった人がやってくると、彼らはほぼ自動的に自己破産するようアドバイスします。任意売却により債務を最小限にし、自己破産しなくていいケースでも、解決策として一律に自己破産をすすめるのです。

彼らはあくまで法的手続きを専業としており、不動産の売買に関する知識のエキスパートではありません。ましてや任意売却という特殊な取引について詳細に理解しており、実務も任せられる弁護士や司法書士はほとんどいません。

まれに任意売却を提案する法律家もいますが、その販売活動は知り合いの不動産業者に声をかけてみるという程度のものです。任意売却にはこれまで説明してきたとおり、「住み続けるための購入者選び」や「購入者との交渉による生活準備金の支給」など独特の活動・交渉が含まれます。手がける専門家の知識と経験、技量により、債務者の生活再建をどれだけ強く支えられるかという点において、大きな違いが現れるものなのです。

また債務者ごとに「どのように生活を再建していきたいか」というニーズは異なります。不動産売却のネットワークを持たない法律家が、多様なニーズに応えることは難しく、任意売却の成功率も著しく低いものになります。

法律家にはもう一つ、「依頼人が自己破産してくれないとお金にならない」という経済的な損得に基づく判断もあります。自己破産であれば、数十万円単位の手数料を取ることができるので、どんな案件でも「自己破産ありき」のアドバイスをしたがるのです。「自己破産せずに住宅ローン問題を解決したい」という相談には一切耳を貸してくれないと考えておくべきです。

ただし弁護士や司法書士はあくまで、士業として国から資格を得て仕事をしている専門家であり、社会的に高い信頼を勝ち得ている人たちです。能力や信頼性の差は比較的小さく、一定以上の信用はできる、という意味では貴重な相談先ではあります。

【任意売却専門会社】

住宅ローン破綻に対して任意売却という解決策を提示できるのが任意売却専門会社です。

債務を抱えている人の不動産売却を専門としているため、金融機関との交渉や債務者のニーズに合う提案を得意とします。特に債務者のニーズは「住み続けたい」「引っ越し費用がほしい」「引っ越しまでの猶予期間がほしい」「生活準備金がいる」など多様なので、それに応えられる引き出しの多さは任意売却専門会社ならではといえます。

販売ネットワークを確立しているため、任意売却の成功率が高いのも大きな特徴です。

ただし弁護士や司法書士とは反対に、任意売却専門会社の提案はすべて任意売却ありきです。法的手続きを手がけることができないため、債務整理により住まいを手放さなくてもいいケースでも、任意売却をすすめることがあります。

また一昔前まで「整理屋」と呼ばれた業種であり、弁護士や司法書士に比べると社会的な信用性が低いことは否めません。現在、インターネット上で大々的に広告宣伝を行っている任意売却専門会社の中にも実態には疑問符がつくケースが見受けられます。

住宅ローン問題で弁護士に相談する場合の注意点

かつて弁護士は資格を持っているだけで高収入が保証される職業でした。ところが司法改革により大量の弁護士が誕生したことから、近年では収入がどんどん減少しており、なりふり構わず収益をあげようとする人も増えています。

住宅ローンの返済に行き詰まった人から相談を受けた弁護士はほとんどの場合、自己破産をすすめます。債務者のニーズをくみとって、自己破産しないで解決できるという選択肢もあることを教えてくれる弁護士は、残念ながら稀少です。

自己破産をすすめる中でも、弁護士が特にやりたがるのが「管財事件」です。前章でも解説したとおり、自己破産には「管財事件」と「同時廃止事件」がありますが、弁護士にとっては前者のほうがはるかに高い手数料を受け取ることができるためです。

「管財事件」にするためには、自己破産する時点で、自宅という大きな財産を持っていなければなりません。自己破産前に任意売却をしたほうが、ほとんどの債務者にとってお得なのですが、そうすると「同時廃止事件」となり、弁護士にとってはうま味がなくなってしまいます。

「任意売却は面倒が大きく、利益にならないのでやりたくない」というのが多くの弁護士の本音です。任意売却にすると、弁護士は裁判所から「適正な価格での売却だったか」を問われます。売却価格の妥当性を証明するためには、不動産の査定書や固定資産税評価額を示す書類などを作成して提出する必要があり、手間がかかります。

加えて、「任意売却にトライして失敗したら、裁判所からの評価が下がる」というプレッシャーも弁護士にはあります。裁判所は仕事の成績により弁護士を独自に格付けしており、格付けの高い弁護士には企業の「管財事件」など、大きな報酬が見込める案件を回します。個人の任意売却で失敗し、格付けが下がることは収入に大きな悪影響となるので、「リスクを冒してでも債務者のために」と頑張る弁護士はいないのです。

「どうせ自己破産するなら同じ」という考えで、競売にしてしまうのがほとんどの弁護士のやり方です。「管財事件→競売」という流れしか知らない弁護士も多く、適切な任意売却にすれば、債務者がどれだけ助かるかという発想はそもそも彼らの頭にありません。

特に、古くから開業している年配の弁護士に多く見受けられます。固定客をまだあまり持っていない若い弁護士の中には、「よい口コミを広めて、顧客を集めたい」という考えから、面倒な手続きを厭わず頑張る人もいます。弁護士に相談する際には「熱意を感じられるか」「自己破産ありきだけでなく、要望に合う解決策を提示してくれるか」ということに着目して信頼性を計ることが大切です。

自宅にやってくる任意売却専門会社のほとんどが悪徳業者

裁判所に競売の公示が貼り出されると、それを情報源とする任意売却専門会社が多数、債務者の家を訪れるようになります。住所や氏名が貼り出されるため、これを防ぐ手立てはありません。

任意売却専門会社は千差万別で、会社の営業方針や考え方、アプローチの方法も会社によって異なります。前述のように怪しい会社も多数交じっていますが、訪問により依頼の契約をとろうとする会社は特に誠実さに欠ける傾向があります。

不動産の売買が成立すれば、仲介をする任意売却専門会社には仲介手数料が入ります。売却代金の3％プラス6万円と上限が定められていますが、たとえば2000万円で売却できれば66万円に消費税という報酬を得ることができるのです。

他の会社にいかないように、任意売却専門会社の中には「お宅の会社だけに任せます」という契約――専任媒介契約を結ばせて、かなりあくどい手段をとるものも少なくありません。

特に自宅の競売申立がなされた人の家に押しかける「訪問系」の会社は、1日にたくさんの家を訪れるのが日課になっているので、「1回の訪問で契約がとれるケースかとれないケースかはっきりさせたい」という思いを強く持っています。そのため債務者と会って話をするためには手段を選ばないという習性があるのです。

気をつけたい悪徳業者のアプローチ方法

一昔前には貸金業者の非人道的な取り立てが大きな社会問題になりました。昼夜を問わない訪問や電話連絡、家の前で大声を上げる、違法に敷地内に侵入するなどの行為が頻発したため、その後貸金業法が改正されることとなりました。改正貸金業法では督促の方法が厳しく制限されており、破ると罰せられるため、現在では貸金業者による違法な取り立てはほぼなくなっています。

ところが任意売却専門会社の販促活動については貸金業法のような規制がありません。事実上野放しになっているため、悪徳金融業者も真っ青という行為が現在でも平然と行われているのです。

【悪徳業者の手口】

①家の前で大声を出す

悪徳業者が多数押しかけるようになると、対応に困った債務者は居留守を使うようになります。業者の側はなんとか面談して専任媒介契約書に判を押させたいので、あの手この手を使います。その一つに「家の前で大声を出す」という行為があります。「家が競売になった○○さーん、いないんですか？」などと呼びかけ、近所の目が気になる債務者が慌てて出てくるよう仕向けるのです。

その他、所有者の帰宅を狙って夜に、あるいは朝早くに突然来訪したり、他の業者と接触させないように、車を玄関の前に横付けするなどの迷惑な行動を取ることも少なくありません。

②「裁判所のほうから来ました」など欺まん的なことをいう

業者だとわかれば居留守を使われるので、「裁判所のほうから来ました」などと嘘をつくことがあります。もちろん専任媒介契約を求める話の流れで、すぐに業者であることはバレてしまいます。債務者から「裁判所のほうから来たといったのに」と詰問されると、「方角的には裁判所がある北のほうからやって来たので嘘ではない」などと強弁します。

③水道を止める

②と同じく、居留守を使う債務者を家から出すため、悪徳業者は水道の元栓を閉めることがあります。通常、水道の元栓は家の外にあります。悪徳業者は勝手に敷地内に侵入して元栓をひねり、水道を止めてしまうのです。

居留守を使っていた債務者も、水道が止まれば家の外に出てきて元栓を確認しようとします。そこを狙って話しかけるため、悪徳業者は不法侵入も辞さないのです。

④郵便物を盗む

悪徳業者の中には債務者宅に届いた郵便物を盗むものもいます。私の会社のように訪問によるアプローチはせず、ダイレクトメールで任意売却の案内を送る会社が多数あるためです。悪徳業者の多くは零細なので、しっかりとした内容のあるパンフレットなどを作ることができません。そのため債務者が他の選択肢を目にすることがないよう、債務者宅の郵便受けをあさり、配達された郵便物を盗んでいくのです。

同じ目的で、債務者宅の郵便受けに粘着テープを貼る悪徳業者もいます。新たな郵便物が届かないよう、投函口をふさいでしまうのです。

⑤表札を盗む

競売の申し立てがなされた債務者宅では、表札がなくなってしまうことがしばしばあります。同業者のアプローチを妨害する目的で、悪徳業者が盗むためです。表札がないと、後から来る他の業者は債務者宅を見つけにくくなります。目的のためなら手段を選ばない事業者が訪問系の任意売却専門会社には多数含まれているのです。

悪徳業者は依頼を放置することがある

アプローチ方法に問題があっても、依頼した仕事をしっかりとしてくれるなら、債務者にとって大きな不具合は発生しません。ところが悪徳業者には「依頼を放置する」という困った性癖があります。

ほとんどの悪徳業者は単独で事務所を開いているか、人を雇っていたとしても1人か2人という零細企業です。手がけられる業務には限界があるので、専任媒介契約をとったものの「儲けが少ない」と判断した依頼は放置してしまいます。

その際、「うちではやれない」という連絡を入れることもありません。債務者は任意売却を進めてくれているものだと考えて、ただ待つことになります。

任意売却において、時間はとても大切です。開札までというタイムリミットの中で、できるだけ早く結果を出す必要があるにもかかわらず、悪徳業者に依頼してしまった債務者はその時間を失ってしまうことになるのです。

そのあげく、ギリギリのタイミングで信頼できる専門業者に乗り換えたとしても、任意売却の成功率は大幅に下がってしまいます。競売になってしまい、債務者は大きな不利益を被るケースが多々見られます。

悪徳業者との契約は断る、破棄する

住宅ローン破綻はほとんどの人にとって初めての経験です。どの任意売却専門会社がよくて、どの会社が悪徳なのかを判断するのは簡単なことではありません。悪徳業者の中にも人当たりがよく、さも依頼人のことを真摯に考えているかのように対応するものもいます。

専任媒介契約を結んだ後しばらくして、「ほとんど活動してくれている気配がない」などと気づくことがほとんどです。悪徳業者とは契約しないことがまず大切ですが、契約してしまった場合には契約を解除する必要があります。後になって信頼できそうな任意売却専門会社が見つかったら、ためらうことなく乗り換えることで、しっかりとしたサポートを受けることができます。

先に契約を結んでいた悪徳業者は異議を申し立てたり、「違約金を支払え」などと要求してくることがありますが、応じる必要はありません。違約金は発生した損害の代償として支払うものです。なにも活動していない悪徳業者に損害はないため、たとえ裁判になったとしても請求が認められることはありません。

そもそも任意売却を必要とする債務者には財産がないので、資料をそろえて請求したところで、違約金を取れないことは悪徳業者も理解しています。依頼先を乗り換えても面倒なトラブルが起きることはないので、債務者は自身の利益を最優先すべきです。

必要なのはワンストップの対応

住宅ローン破綻にいたった人の事情は千差万別です。ニーズもそれぞれ違うので、生活再建に役立つ道筋を見つけ、実現するのは簡単なことではありません。対応を依頼する専門家によって、債務者のその後はまったく違うものになります。

誰に相談し、依頼するかで、その後の人生が変わるといっても過言ではありません。

相談先・依頼先を選ぶ時に大切なのは、住宅ローン破綻という問題に対して任意売却と法務が一体となったワンストップの対応が得られるかどうかというポイントです。住宅ローン破綻を適切に処理するためには、これまで説明してきたとおり債務者のニーズに寄り添う任意売却と債務者の利益を優先する法務という二つのサービスが欠かせません。

もちろんそれぞれの質も大切です。債務者が抱える問題の本質を見抜き、ニーズに応える適切な任意売却を実現するためには、金融機関との交渉や不動産売却の経験、ネットワークが必須です。

成年後見人や相続財産管理人の選任、さらには債務整理などの法務は、任意売却と密にマッチしたものでなければなりません。「自己破産ありき」の法律事務所と不動産業者が業務提携しても、それぞれの利害が衝突するため一体化された対応は困難です。

任意売却専門会社は「自己破産前の売却で成功率を高めたい」と考えますが、法律事務所は「自宅を残した状態で自己破産し管財事件にしたい」と希望します。見ている方向が最初から違う提携がうまくいくはずはありません。

また債務者にとっては任意売却専門会社に説明したことを法律事務所でも説明せねばならず、負担がたいへん大きくなります。ただでさえ気が重い話を二度もするのかと考えると、それだけで気持ちが萎えるという債務者も少なくありません。

私の会社では私が任意売却を扱い、司法書士である妻が法務を扱うことで、ワンストップのサービスを提供しています。一つの会社なので任意売却と法務の利害が相反することはありません。

したがって債務者にとってより適切な対応策を提案することができます。たとえば相談を受けた内容により、「債務整理すれば家を売ることなく生活再建できる」と判断すれば、任意売却をすすめません。債務整理を請け負うことで収益をあげられるので、債務者にとって不要な任意売却を無理にすすめる必要がないのです。

まだまだ少数派ですが、今後は同様の複合的なサービスを提供できる会社がより求められる時代が来るはずです。

住宅ローン問題は心の悩みを打ち明けられるパートナーを選ぶべき

住宅ローン破綻はほとんどの場合、複雑な心の問題とリンクしています。そのため実務だけでなく心のケアもできなければ、真の生活再建にはつながりにくく、任意売却の成功率も低下します。

たとえば夫婦間に軋轢があれば、そのことが任意売却の成功率を大きく押し下げてしまうことがあります。夫は任意売却しかないと理解しているが、妻は「こうなったのは夫のせい」と不満を抱えている状況だと、「物件の内覧に妻の協力が得られない」などの障害が発生します。

任意売却を成功させるためには「そもそも妻は夫のどういう行動に不満を抱いているのか」「夫はそのことをどう考えているのか」ということまで掘り下げてお互いの理解を深め、夫婦の協力関係を築くことが欠かせません。それにより任意売却が終わった後、円滑に生活再建を進めることが可能となります。

したがって住宅ローン破綻について相談・依頼する相手を選ぶ時にもっとも大切なのは「担当者との相性」だと私は考えています。信頼して打ち明け話ができる相手でなければ、経済的な大きな危機に瀕し、強いプレッシャーを感じている中で、心の奥に抱える悩みを伝えるのは難しいでしょう。会社を選ぶことも大切ですが、それにも増して担当者が自分にとってフィーリングの合う人かどうかを重要な判断基準とするのが、正しい相談・依頼先選びといえます。

おわりに

多くの方にとって「任意売却」という言葉は馴染みのないものでしょう。住宅ローンの支払いに行き詰まらない限り関わることはない事柄ですから、それでよいのかもしれませんが、いざ経済的なピンチに陥った際には、「任意売却」のことを知っているかどうかということが、その後の人生を大きく左右します。

ローン破綻はお金の問題です。しかしながら単に経済的なトラブルにとどまるケースは少なく、多くは家族の問題や健康の問題とリンクし、最終的には心の問題へとつながります。本書でも取り上げたとおり、いくつもの問題が複雑に絡み合って、経済的な問題を引き起こすことがある一方、経済的な問題がきっかけとなって諸々の問題が深刻化するケースも見られます。住宅ローンが支払えなくなった人の状況はほとんどの場合、一筋縄ではいかないものです。

したがって、「任意売却」の成功とは、単に「住まいが競売にかけられないこと」ではありません。未来に向け、希望を持って新たな一歩を踏み出す勇気を持つことができて初めて、任意売却に成功できたと私は考えています。どのような解決策を選ぶべきかは人により異なります。１００人の人がいれば、１００通りの正解があるのです。

「どうすればいいですか？」。私の会社にやってくる人の多くはそう訊ねます。そんな彼らに対して私は、「どうしたいのですか？」とまず問いかけるようにしています。なにが正解なのかを知っているのは、問題を抱えている本人と家族だけだからです。

ところが経済的な問題を抱えて悩み苦しむ人たちの多くは、「どうしたいのか」をすぐに見つけ出すことができません。これまで直面したことがない問題の大きさに混乱し、順序立てて考えを進めることができなくなっているのです。自らの希望に気づき、未来を見定めてもらうためには、任意売却の方法を考えるだけでは足りません。心に寄り添って一緒に考え、混乱を解きほぐすお手伝いをすることが必須なのですが、「任意売却」の世界では残念ながら、そのような考えはまだまだ一般的ではありません。事務的な解決に終始するのはまだしも、相談者の混乱に乗じて不誠実な対応をする事業者がはびこっています。

そんな状況に一石を投じるべく、今回、私はこの書籍を上梓しました。

住宅ローンの返済に行き詰まることは、経済的には大きな出来事です。「任意売却」に成功しても、その後の暮らしはかなり高い確率で苦労の大きいものになります。ただし、苦労が大きいからといって不幸であるとは限りません。心の問題まできちんと解決した上で向き合う労苦は多くの人にとって許容できるものです。

本書により多くの人がそのことに気づき、専門家をうまく利用して再度、冷静に未来を展望できるようになることを願ってやみません。

2017年2月吉日

矢田　倫基

著　者

矢田　倫基（やた　ともき）

1974年生まれ。大阪府出身。烏丸リアルマネジメント株式会社　代表取締役。

大学を卒業後、大手ゼネコンで技術者として従事。その後、不動産コンサルティング会社に転向し、実績が認められ代表取締役に就任。そこでの経験を生かし、日本で初となる法律業務も扱う任意売却専門会社「烏丸リアルマネジメント」を設立し、現在に至る。金融機関や士業者からの信頼も厚く、任意売却の専門家として各地で講師も務める。多くのローン困窮者を救ってきた面談は「心のカウンセリング」と呼ばれ、関西圏だけでなく全国からも相談者が後を絶たない。

任意売却コンサルタント、宅地建物取引士、日本アドラー心理学会会員。

監　修

矢田　明日香（やた　あすか）

1983年生まれ。島根県出身。司法書士。烏丸リアルマネジメント株式会社　取締役。

大学在学中に親の借金で苦しむ友人の姿を目の当たりにし、強い衝撃を受け、司法書士を志す。現在、矢田明日香司法書士事務所の代表も務める。

女性ならではの、心に寄り添ったコミュニケーションで相談者の抱える問題を解決に導く。小学生や社会人向けの出張法律講座、各自治体での勉強会で講師を務め、老若男女を問わず法律に触れてほしいと、情報を発信する取り組みにも力を入れている。

住宅ローンが払えなくなったら読む本

二〇一七年二月一三日 第一刷発行
二〇二三年一月三一日 第二刷発行

著 者 矢田倫基　監 修 矢田明日香

発行人 久保田貴幸
発行元 株式会社 幻冬舎メディアコンサルティング
〒一五一-〇〇五一 東京都渋谷区千駄ヶ谷四-九-七
電話〇三-五四一一-六四四〇（編集）
発売元 株式会社 幻冬舎
〒一五一-〇〇五一 東京都渋谷区千駄ヶ谷四-九-七
電話〇三-五四一一-六二二二（営業）
装 丁 幻冬舎メディアコンサルティング デザイン室
印刷・製本 シナノ書籍印刷株式会社

検印廃止
© TOMOKI YATA, GENTOSHA MEDIA CONSULTING 2017
Printed in Japan ISBN978-4-344-91176-5 C0095
幻冬舎メディアコンサルティングＨＰ http://www.gentosha-mc.com/

※落丁本、乱丁本は購入書店を明記のうえ、小社宛にお送りください。送料小社負担にてお取替えいたします。※本書の一部あるいは全部を、著作者の承諾を得ずに無断で複写・複製することは禁じられています。定価はカバーに表示してあります。